選手

# DECISIVE MOMENTS

RAFAEL
NADAL

# PROLOGUE

## 왜 나달이 역대 최고의 테니스 선수인가

스포츠 팬들의 사랑을 듬뿍 받는 브레인스토어의 〈선수〉 시리즈가 미지의 영역을 개척한다는 소식을 들었을 때 놀랍고 반가웠다. 한국 출판 시장에서 거의 왕따나 다름없던 테니스 종목을, 그것도 해외 스타의 평전 기획이 나왔다는 건 그만큼 테니스도 축구와 야구, 농구처럼 광범위한 팬층을 형성할 수 있다는 가능성을 뜻하기 때문이다.

그런데 개인적으로 조금 더 놀란 건 가장 먼저 라파엘 나달의 평전 제안이 들어왔기 때문이다. 그도 그럴 것이 우리나라에서 테니스 하면 떠오르는 선수는 근 20년 가까이 나달이 아니라 그의 숙명의 라이벌 로저 페더러였다. 또 이미 기록 면에서 테니스 역사를 새롭게 경신해가고 있는 노박 조코비치도 있었다. 그런데 나달이 가장 먼저 〈선수〉 시리즈 테니스의 1번 타자로 타석에 들어선 것이다.

제안이 처음 들어온 시점이 2022년 2월이었다. 이 대목에서 고개가 끄덕여졌다. 나달이 이른바 '멜버른의 기적'을 일으킨 직후였으니까. 나달은 1월 호주 오픈에서 테니스 역사에 영원히 남을 대기록을, 그것도 여태 그 어떤 선수들도 보여주지 못한 감동적인 방식으로 완성했다. 기적을 이뤄내기 6개월 전 나달은 아예 테니스 라켓을 잡아보지도 못할 심각한 발 부상을 안고 있었다. 진지하게 은퇴를 고려했다. 게다가 대회 직전 코로나19까지 확진됐다. 그러니까 나달의 2022년 호주 오픈은 어쩌면 '가장 우승할 확률이 적은' 대회였던 셈이었다.

하지만 나달은 이 모든 고난과 역경을 극복하고 결승까지 오르는 집념과 투혼을 보여줬다. 결승에서는 더한 '지옥'이 기다리고 있었다. 상대는 러시아의 다닐 메드베데프. 바로 직전 메이저 대회인 US 오픈에서 노박 조코비치를 3-0으로 완파하고 우승을 차지한 차세대 끝판왕이었다. 게다가 먼저 두 세트를 내줬다. 누가 보더라도 패색이 짙었고 준우승에 만족해야 할 경기였다.

그러나 나달은 포기하지 않는 남자였다. 멜버른의 기적을 완성했고, 나달은 페더러와 조코비치를 제치고 가장 먼저 남자 테니스 역사상 메이저 21번째 우승 트로피를 높이 치켜들었다. 그것은 가장 '나달스러운' 방식의 우승 드라마이기도 했다. 나달은 늘 그랬다. 불가능을 가능으로 만들었고, 과정에서 어떤 역경과 고난, 끔찍한 고통도 이겨냈다. 나달은 그의 커리어 내내 자신과의 싸움을 이겨냈지만 또 한 가지, 세상의 편견과도 싸워 승리했다. 나달이 처음 남자 테니스 투어 대회에 등장했을 때 사람들의 반응은 대략 이랬다. "뭐 저런 포핸드를 치는 선수가 다 있나?" "와, 저렇게 두 시간 내내 뛰어다니기만 하면 몸이 남아나겠어? 얼마 못가 부상으로 주저앉겠구만." "저런 방식은 클레이 코트에서만 통할 수밖에 없지. 하드나 잔디에서는 어림도 없을 거야."

나달의 테니스 인생은 드라마였다. 10대 시절부터 안고 있던 고질적인 발 부상을 딛고 누구보다 오랜 기간 톱랭커의 자리를 유지했고, 비웃음을 사곤 했던 그의 포핸드는 테니스 역사상 가장 강력한 무기로 공인받았다. '클레이 코트 스페셜리스트'라는 굴레를 일찌감치 벗어나 4대 메이저 대회를 모조리 우승했다.
보통 테니스에서 30세를 넘으면 은퇴 수순을 밟는다. 육체적인 강인함이 뒷받침되지 않으면 버틸 수가 없는 격렬한 스포츠이기 때문이다. 그런데 36세의 나이에 호주 오픈과 프랑스 오픈 두 대회를 연속으로 정복했다. 나달이 20대 중반 전성기 때도 해내지 못한 위업이다. 도대체 나달은 어떻게 설명되어야 할까. 스포츠에 7대 불가사의가 있다면 나는 나달이라는 인물 자체를 추천할 것이다.

사실 이 책을 쓰고 있는 필자 역시 나달의 라이벌인 페더러의 골수 팬이었다. 페더러의 앞길을 늘 가로막은 나달을 참

원망도 많이 했다. 하지만 점점 시간이 흐를수록 나달이라는 거인이 만들어가고 있는 '경험해보지 못한 신세계'에 매료됐다. 이제는 쿨하게 받아들인다. 나달이 페더러를 넘어섰다고.
언젠가 가까운 지인인 테니스 동호인이 내게 물은 적 있다. "만약 페더러와 나달 두 선수 가운데 위인 전기를 낸다면 누구를 추천하겠나?" 5년 전이라면 내 대답은 주저 없이 페더러였을 것이다. 테니스의 교과서 그 자체이니까. 지금은 생각이 달라졌다. 위인들의 일생을 전기로 우리가 읽는 이유는 무엇일까. 그들의 평범하지 않은, 위대한 인생으로부터 교훈을 얻어 우리의 삶에 적용할 수 있기 때문이 아닐까. 그렇다면 테니스 선수 평전 출판에 대한 내 생각은 다음과 같다.

**그동안 테니스 역사를 빛낸 훌륭한 챔피언들은 많았습니다. 4대 메이저 대회를 한 해에 모두 우승하는 캘린더 그랜드슬램을 해낸 로드 레이버, 윔블던 단식을 9차례나 평정한 마르티나 나브라틸로바, 그리고 테니스의 품격을 한 차원 끌어올린 마에스트로 로저 페더러. 또 테니스의 모든 기록을 갈아치우며 지금도 기록 제조에 여념이 없는 완벽함의 상징 노박 조코비치. 그들의 재능과 탁월함은 부러움과 경외의 대상이지만, 나달에게는 그보다 훨씬 특별한 무언가를 발견할 수 있습니다. 지금 당장 테니스 스타의 평전을 쓰라고 한다면 저는 나달을 택할 것입니다.**

지금부터 나달의 테니스와 인생에 대해 샅샅이 살펴볼 것이다. 그리고 이 책을 덮는 순간 많은 분들이 느낄 수 있었으면 하는 작은 바람이 있다. 나달이야말로 진정한 테니스 황제였구나 라고.

# CONTENTS

# The Teenager

# The No.1

# The Rivalry

# The Greatest

# The Teenager

나달은 스페인의 마요르카 섬에 위치한, 인구 5만 명이 채 되지 않는 작은 도시 마나코르에서 태어났다. 과거 테니스 선수로 활동했던 삼촌을 통해 테니스를 접하게 된 그는 빠른 속도로 성장하며 재능을 꽃피우기 시작했다. 유년 시절 테니스만큼이나 좋아했던 건 스페인 최고의 인기 스포츠인 축구였으나 테니스에서 두각을 나타내자 가족들이 한 종목에 집중할 것을 권했고, 나달 역시 테니스 선수의 길을 선택하는 데에 주저함이 없었다.

> 마요르카에서 저는 본래의 제 모습으로 돌아갈 수 있습니다.
> 슈퍼마켓을 가기도 하고 영화를 볼 수도 있죠.
> 저는 라파일 뿐이에요.
> 모두가 저를 알아보지만 중요하지 않죠.
> 하루 종일 나가 있어도 사진 한 장 찍지 않거든요.

# 01

# 마요르카의 촌놈

개천에서 용이 나오는 데에는 대개 이유가 있다. 4살 때 우연히 테니스 라켓을 잡은 스페인 마요르카 섬의 어린이가 먼 훗날 스포츠 역사에 길이 남을 기록 파괴자가 되리라고 누가 예상했을까. 나달의 성장 배경을 알면 왜 그가 그토록 커다란 성공 시대를 열어젖힐 수 있었는지를 이해할 수 있게 된다.

## 섬이라는 특수성

사실 많은 위인전을 꺼내 읽을 때마다 천편일률적인 구성 방식이 마음에 들지 않았다. 언제 어디서 태어났고, 유년 시절의 환경이 이러했으니 앞으로 커다란 성공은 예견된 일이었다는 배경 얘기다. 조금 억지스럽게 한 위인의 일대기에 대해 인과 관계를 설정해, 독자들에게 강요하는 듯한 느낌이 들어서였다.

하지만 라파엘 나달이라는, 테니스는 물론 세계 스포츠 역사에서 보기 드문 선수를 제대로 이해하기 위해서는 그의 어린 시절 성장 환경을 깊이 있게 들여다보는 것이 필요하다. 이 글을 읽고 나면 그것은 억지 인과 관계가 아닌 매우 과학적이고 합리적인 추론의 근간이라고 생각될 것이다.

라파엘 나달 파레라Rafael Nadal Parera. 1986년 6월 3일 스페인 남부의 휴양 도시인 마요르카 섬에서 태어났다. '나달'이라는 가문의 이름은 당연히 아버지 세바스챤 나달에게서 따온 것이고, '파레라'는 그의 어머니 아나 마리아 파레라에서 붙인 이름이다. 흥미롭게도 나달이라는 이름은 기독교의 예수 그리스도와 관계가 있다. 영어의 natal(출생의)이라는 뜻과 마찬가지로, 스페인 카탈루냐어로 크리스마스를 지칭했다. 즉 나달이란 예수 그리스도의 탄생일이라는 뜻이다.

예수의 탄생 덕택에 나사렛이라는 이스라엘 남부 도시가 알려졌듯, 오늘날 마요르카는 나달의 고향으로 더욱 유명세를 타고 있다. 나달의 고향으로 한 걸음 더 들어가면 마요르카 섬의 마나코르Manacor라는 지역인데 가구 제조와 진주 생산의 명성을 얻고 있는 도시다. 지금까지는 그 두 가지 산업으로 알려져왔던 마나코르는, 이제 그 둘을 훨씬 뛰어넘는 위대한 스포츠 스타의 이름으로 장식된다.

나달이 훗날 위대한 테니스 선수로 발돋움할 수 있었던 요인에는 여러 가지가 있지만, 무엇보다 그의 인성을 빼놓을 수 없을 것이다. 우리가 테니스 경기를 볼 때 흔히 볼 수 있는, 경기가 잘 풀리지 않으면 라켓을 코트 바닥에 내리쳐 박살내버리는, 혹은 심판 판정이 마음에 들지 않는다며 핏대를 높여가며 항의하는 흔한 광경을 나달에게는 발견할 수 없다. 그렇다면 나달은 어떻게 예수나 부처 같은 고결한 인품의 소유자가 될 수 있었을까? 바로 가정교육을 잘 받았기 때문이다.

## 대가족이 나달의 성장에 끼친 영향

나달이 항상 테니스 코트 위에서 예의 바른 모범생이 될 수 있었던 까닭은 일가친척이 한데 모여 사는 대가족 환경에 기인하고 있다. 사실 지금은 나달의 부모가 이혼한 상태이긴 하지만, 나달은 인터뷰에서 종종 자신이 스포츠 스타로 성공할 수 있었던 요인이 안정적인 가정환경에 있다고 털어놓는다.

나달은 친가는 물론 외가까지 마요르카 섬에 모여 살았고, 심지어 같은 아파트 단지에 옹기종기 모여 살기도 했다. 당연히 가족 친지들이 한데 모여 저녁 식사를 즐길 자리가 많았고 집안의 '장손'인 나달은 어른들과 빈번한 관계 속에서 자아를 형성해 나갈 수 있었다. 나달의 친할아버지인 돈 라파엘 나달, 외할아버지 페드로 파레라와 고모이자 대모의 역할을 한 마릴렌 나달, 그리고 가장 중요한 인물인 삼촌 토니 나달이 대가족 명단에 이름을 올리고 있었다.

어린 나달은 늘 친척들에게 예의바르게 처신하도록 교육받았다. 집 밖으로 세 걸음만 나가도 늘 일가친척과 마주치게 되어 있었으니 어찌 보면 당연했다. 또 스페인은 자식들이 결혼으로 출가해도, 주말에 자주 모여 회합을 갖는 전통을 유지하는 인간미 넘치는 국가였다. 게다가 여름 햇볕이 뜨겁고 낮이 긴 스페인이다. 공식적인 낮잠 시간인 시에스타가 존재하고 그에 따라 긴 밤 생활이 일반적인데, 어린 나달은 밤늦게까지 친척들과 함께 주변 레스토랑과 바에 나가 어울리며 사회성을 자연스럽게 길러나갈 수 있었다.

그 가운데 나달의 인생 항로를 결정하는 데 아주 결정적인 두 명의 가족, 더 정확히 말하자면 삼촌들이 있었다. 한 명은 미구엘 앙헬 나달이요, 또 다른 이가 '엉클 토니'로 유명한 토니 나달이다. 미구엘은 라파엘이 태어나기 전까지 나달 가문의 대표 얼굴이었다. 축구팀 FC바르셀로나의 미드필더였고 스페인 국가대표까지 거친 유명한 축구 선수였다. 한국과 격돌한 1994년 미국 월드컵 조별리그 1차전 그리고 2002년 한일 월드컵 8강전에 선발 출전했다는 것이 우리와의 작은 인연이다. 별명이 '바르셀로나의 짐승'이었던 미구엘은 거친 몸싸움을 마다하지 않는 저돌적인 스타일의 미드필더였다. 테니스 코트 위 나달의 초강력 피지컬은 어떻게 보면 자신의 어릴 적 우상인 미구엘 삼촌의 영향을 받았다고 볼 수도 있다. 하지만 미구엘이 어린 나달에게 끼친 가장 큰 영향은

# GRANDSLAM

아마도 '스포츠 스타로서의 삶과 자세'가 아니었을까.
나달은 2011년 출간된 자서전 『라파: 마이 스토리』에서
이렇게 말한 적이 있다.
"미구엘 삼촌을 통해 제가 앞으로 나아가야 할 삶의 단면을
볼 수 있었습니다. 삼촌은 돈을 많이 벌었고 유명 스타였죠.
미디어에 자주 노출됐고 그가 가는 곳마다 사람들은
환호하고 열광했습니다. 하지만 삼촌은 결코 그런 것에
좌우되지 않았습니다."
나달은 훗날 대스타가 된 뒤에도 어깨에 힘이 들어가지
않았다. 늘 겸손한 자세로 인터뷰에 응했고, 팬들에게
감사하는 마음을 잊지 않았다. 네트 건너편 상대를 존중한
건 기본이었다.

## 공포의 엉클 토니

이제 테니스 선수 나달의 인생에 가장 큰 영향력을 행사한
인물에 대해 들여다볼 시간이다. 여기서는 다소간 논쟁의
영역도 있다. 과연 토니는 엄격한 훈육자였나, 아니면 아동
학대를 서슴지 않은 빌런이었나. 우리는 나달의 자서전을
통해 토니에 관한 객관적 판단 근거를 찾아본다.
"삼촌은 내게 많은 걸 요구했고 강하게 압박했어요.
거친 말도 서슴지 않았죠. 고래고래 소리를 지르며 겁을
줬습니다. 특히 다른 아이들이 없고 단둘이 있을 때
말이죠. 다른 학생들이 아직 나오지 않았고 저와 삼촌 둘만
훈련장에 있다는 사실을 알게 될 때면, 위장에 경련이
일어나는 듯한 느낌이 들었습니다."
라파는 토니가 자신을 때로 차별대우했다고 주장한다.
훈련 세션이 끝날 때 자신만을 콕 집어 코트 위에 널브러진
공들을 치우게 했고, 클레이 코트에서는 훈련이 마무리될
때마다 홀로 청소를 시켰다고 했다. 훈련 내용은 더욱
가혹했다. 일부러 한쪽으로 공을 주면 다음 공은 정반대
구석으로 보내 마치 '똥개 훈련'하듯 시킨 건 기본이었다.
나달은 훈련이 끝나고 집에 가면 어머니를 찾아가 울음을
터트리곤 했지만 소용없었다.
인권을 존중하고 개인주의와 합리주의로 똘똘 뭉친
유럽에서 이런 일이 가능하다니? 하지만 선수로서 이렇다
할 성공을 거두지 못한 토니 나달은 조카에게 자신의 모든
것을 쏟아 부은 것만은 틀림없다. 나달의 집 바로 건너편
테니스 아카데미에서 코치로 일하고 있던 토니는 테니스
기술은 물론 선수로서의 자세를 어릴 적부터 강조했다.

특히 초창기 나달의 코트 위 매너를 만든 건 전적으로
토니의 작품이었다고 해도 과언이 아니었다. 토니는 이렇게
말했다. "라파에게 늘 열정을 강조했습니다. 저는 자신의
일에 열정 없이 임하는 것을 무엇보다 싫어했죠. 나달은
아주 어릴 때부터 열정을 가질 수 있었습니다. 제가 이걸
무엇보다 강조한 이유는 잠재력을 실현해줄 수 있는 최고의
방법이었기 때문입니다."
토니는 주니어 시절 나달이 각종 대회에서 승전보를
전할 때조차, 칭찬에 인색했다. 그보다는 그 경기에서
나달이 무엇을 더 향상시켜야 할지에 대해 항상
지적했다. 심지어 이런 일화도 있었다. 나이키가 후원한
남아프리카공화국에서 열린 주니어 대회에서 나달이
우승을 차지하고 집으로 돌아왔을 때였다. 그의 고모가
대형 현수막을 달고 축하 파티를 준비했다. 그 현수막은
잠시 뒤 흔적도 없이 사라져 버렸는데, 예상대로 엉클
토니의 짓이었다. 토니는 아예 나달이 파티에 참석도 하지
못하게 했고, 파티를 준비한 고모를 크게 나무란 것도
모자라, 다음날 '형벌의 의미'로 조카에게 새벽 훈련을
지시했다.
나달이 12세 이하 스페인 챔피언십에서 우승을 차지했을
때도 마찬가지였다. 모두가 축하 파티를 준비할 때, 토니는
스페인 테니스 연맹에 전화를 걸었다. 그리고 요청했다.
그동안 12세 이하 챔피언 25명의 이름을 불러달라고.
나달은 바로 옆에서 그 통화를 듣고 있었는데, 토니는
25명의 이름을 하나하나 받아 적은 뒤 나달에게 물었다.
"25명 중 지금 네가 아는 이름이 한 명이라도 있냐?"
토니는 진정한 하드코어 코치였다. 토니는 훗날 이렇게
말했다.
"저는 라파가 당시 나이에 해낸 모든 업적들이 장기적으로
전혀 중요하지 않다는 것을 깨닫기 바랐습니다. 그것은
겨우 하나의 작은 계단을 오른 것뿐이었고, 발전을
원한다면 계속해서 고된 노력을 쏟아 부어야 한다는 것을
강조하고 싶었습니다."
토니와 라파의 일화는 또 다른 글로벌 스포츠 스타의
사례를 떠올리게 한다. 한국 축구가 낳은 불세출의 스타
손흥민이다. 그 역시 엄격한 부친의 훈육 속에 성장했고
남들은 상상도 못할 혹독한 훈련을 통해 뛰어난 기술을
몸에 익혔다. 과연 손흥민의 부친과 토니 나달의 육성
방식은 100% 옳은 것일까? 쉽게 결론내릴 수 없는 논쟁의
영역같다.

**12살에 제가 테니스를 선택해
선수가 된 것에 대해 만족합니다.
하지만 제가 만약 테니스 선수가 되지 않았다면
틀림없이 축구 선수가 되길 바랐을 겁니다.**

종목을 막론하고 스포츠에 한 획을 그은 인물들은 특별한 유년 시절을 보낸 경험이 있다. 축구 황제 펠레가 고향 산투스의 지독한 가난 속에서, 길거리에서 실밥이 다 뜯긴 축구공을 즐겨 차며 잠재력을 키워나간 것처럼, 나달 역시 이베리아 반도 옆 마요르카라는 작은 섬의 단조로운 삶 속에서 테니스에 몰입할 수 있었다. 하지만 이게 다가 아니었다. 일종의 환경 결정론처럼, 나달은 어린 시절 독특한 성장기를 보냈고 결국 모든 것은 훗날 테니스 선수로서의 어마어마한 성공에 밑거름이 되었다. 단순히 재능과 실력만이 아닌 인성과 매너, 태도에 이르기까지 '위대함'이라는 최고의 경지에 이를 수 있는 거대한 밑바탕을 형성할 수 있었던 것이다.

## 스페인 최고의 테니스 천재로 발돋움

마요르카 섬의 촌놈은 주니어 시절 곧바로 두각을 나타냈다. 마드리드에서 열린 14세 이하 주니어 대회에서 우승을 차지했는데, 여기부터 '포기하지 않는 남자' 나달의 전설의 서막이 시작됐다. 1회전에서 나달은 왼손 약지의 손톱이 부러지는 부상을 당했다. 왼손은 나달이 라켓을 잡는 손이었다. 꽤 심각한 고통이었는데, 나달은 포기하는 걸 거부했을 뿐 아니라 전담 코치인 토니에게 불평 한마디 하지 않았다. 이를 악물고 뛰었고 결국 결승전까지 진출해 그의 절친한 친구이기도 했던 토뮤 살바를 물리쳤다. 어찌나 손톱의 고통이 극심했는지, 우승자 시상식에서 트로피를 다른 선수에게 들어달라고 부탁했던 일화는, 나달이 미래에 어떤 선수로 성장해나갈 것인지를 가리킨, 일종의 예고편이었다고 할 수 있다.

나달은 이 무렵 삶의 갈림길에 놓인 중대한 결정을 앞두고 있었다. 재능 넘치는 나달에게 바르셀로나의 대형 테니스 아카데미인 산 쿠가트 하이 퍼포먼스 센터가 러브콜을 보낸 것이다. 나달 측은 고심 끝에 이 제안을 거절했다. 이유는 아직 성장기에 있는 나달이 가족과 함께 머무는 것이 나을 것이란 판단이었다. 하지만 나달이 언제까지나 '마마보이'로 머물 수는 없었다. 15살이 된 이듬해 나달은 마요르카 팔마에 위치한 체육 전문학교에 입학해 장학금을 받고 다녔다. 그 곳에서 학업과 운동을 병행했는데 결국 나달은 테니스에 전념하기로 뜻을 굳혔다. 이제 그의 가방에는 교과서가 한 권도 없었다. 오직 테니스 라켓만이 자리를 차지하고 있을 뿐이었다.

나달은 14세 무렵까지 테니스와 축구를 함께 즐기고 있었다. 스페인에서 가장 전도유망한 두 종목에서, 나달은 탁월한 재능을 뽐내고 있었다. 삼촌 미구엘의 피를 이어받은 나달은 축구를 직업으로 선택해도 어색하지 않을 정도였다. 하지만 나달은 테니스로 진로를 굳혔고 학업을

중단한 채 주니어 대회에서 승승장구했다.

다만 나달은 다른 톱클래스 선수들의 경력 사항에 흔히
추가되는, 주니어 그랜드슬램 우승 경험이 없다. 십대
시절 자타공인 천재로 불린 나달이 왜 주니어 메이저 대회
평정에 실패했을까. 그것은 정확히 말하자면 실패가 아니라,
시도 자체를 하지 않기 때문으로 이해하면 된다.
테니스는 주니어와 시니어가 구분되는데, 주니어까지는
아마추어로 받아들여진다. 그러다 어느 시점에
이르러 주니어를 졸업하고 앞으로는 시니어 무대에서
활약하겠다는 의사 표시를 하게 되면 이것을 테니스
업계에서는 '프로 전향(turn pro)'이라고 부른다. 나달은
15살에 턴 프로를 선택했는데, 이것은 보통 다른 엘리트
레벨의 선수들이 17~18까지 주니어 무대에서 활약해
4대 그랜드슬램의 주니어 대회에 참가하는 것과 달리,
15살부터 정글 같은 시니어 투어에 뛰어들었다는 뜻이다.

## 15살의 프로페셔널

2002년 나달은 15세를 지나는 시점에 남자프로테니스ATP
투어에 데뷔했다. '투어'란 야구로 치자면 메이저리그에
해당하는 것이고, 투어의 바로 아래 등급으로 마이너리그
격인 챌린저 대회가 있다. 보통 세계 랭킹 100위권 이내에
있는 선수들이 투어의 본선에 초대받고, 그 밖의 랭킹
선수들은 챌린저에서 차곡차곡 랭킹 점수를 쌓은 뒤 투어
무대에 도전한다. 나달은 15살에 이미 성인 레벨에 도달해
있었다는 뜻이다.

자연스럽게 나달의 투어 데뷔전은 그의 고향 마요르카에서
열린 클레이 코트 대회였다. 최근에는 이 대회가 잔디
코트로 바뀌었지만 당시까지만 해도 스페인의 기후
조건에 알맞은 클레이 이벤트였다. 15세 10개월의 신동은
1회전에서 파라과이의 라몬 델가도를 물리치고 자신의
천재성을 만방에 드러냈다. 장구한 남자 테니스 역사에서

제게 가족은 정말 중요합니다.

왜냐하면 제가 승리를 거두고 유명해지더라도,

가족이나 친구와의 관계는 변함이 없을 것이기 때문입니다.

16세 이전 투어 본선에서 승리를 거둔 역대 9번째 선수로 기록된
순간이었다.

2003년부터 나달의 프로 경력은 본격 만개하기 시작했다. 그리고 유럽의
햇살이 뜨거워지기 시작하는 봄이 찾아왔다. 16살의 나달은 이미 각종
투어와 챌린저 대회에서 랭킹 점수를 야금야금 채워나가 세계 랭킹
109위까지 올라서 있었다. 매해 클레이 코트 시즌을 열어젖히는 유서깊은
몬테카를로 마스터스 시리즈의 본선에 당당히 이름을 올릴 수 있었다.
테니스는 1년 내내 전 세계 각지에서 대회를 개최해 선수들이 이를
찾아가는 투어의 형식으로 이뤄진다. 골프와 비슷하다. 대부분 관광지로도
이름 높은 세계적인 도시에서 투어 대회가 열리는데, 1월부터 대략
3월까지는 남반구와 중동, 그리고 북미 지역에서 하드 코트 대회가
많이 열린다. 4월부터 6월까지는 부드러운 흙으로 조성한 클레이 코트
시즌인데, 5월 말 시즌 두 번째 메이저 대회인 프랑스 오픈까지 숨 돌릴
틈 없는 클레이 고수들의 향연이 펼쳐진다. 상금 규모와 권위가 가장
높은 메이저 대회 다음 등급에 해당하는 투어 대회 9가지를 '마스터스
시리즈'로 부르는데, 몬테카를로 오픈은 그 가운데 가장 먼저 열리는
대회였다.

바야흐로 10대 청소년 나달이 세계의 이목이 집중된 클레이 시즌
데뷔를 눈앞에 두고 있었다. 1회전부터 충격을 선사했다. 슬로바키아의
카롤 쿠세라에게 6-1, 6-2의 일방적인 승리를 거둔 것이다. 문제는 그
다음이었다. 2회전 상대가 같은 스페인 국적의 알베르 코스타였다. 그가
누구인가. 바로 2002년 프랑스 오픈에서 우승을 차지한 27살의 전성기를
맞은 클레이 코트의 절대 강자였다. 아무도 나달이 코스타를 맞아
승리하리라고 예상하지 않았다.

나달은 그의 트레이드마크가 되어버린 흰색 머리띠를 이마에 두른 채
프랑스 오픈 챔피언에게 도전장을 던졌다. 예상과 달리 나달의 플레이는
압도적이었다. 좌우 코너를 깊게 찌르는 포핸드 공격에, 코스타가
뿌려대는 그라운드 스트로크를 끈질기게 받아넘기는 탄탄한 수비력을
선보이며 1세트를 7-5로 따냈다. 2세트마저 6-3으로 나달이 승리하자
경기를 중계방송했던 해설자 존 바레트는 이렇게 말했다.

"젊은 선수의 센세이셔널한 승리입니다. 현 시점 클레이 코트에서 가장 잘
치는 선수를 상대로 전 세계에 자신의 존재감을 망설임 없이 알렸습니다."
성공적인, 그리고 충격적인 시니어 데뷔전을 치른 나달은 이제 겨우
16세를 지났을 뿐이었다. 햇볕에 얼굴이 검붉게 그을린 마요르카의
촌놈이 일으킨 거센 돌풍, 아니 태풍의 시작이었다.

# 클레이와 잔디, 하드 코트의 역사

이스라엘의 역사학자 유발 하라리의 베스트셀러 『호모 데우스』는 전작 『사피엔스』에 이어 인류 역사에 대한 깊이 있는 통찰로 전 세계 독자들의 시선을 또 한 번 사로잡은 책이다. 책 초반 굉장히 인상적인 분석이 나온다. 바로 잔디에 얽혀 있는 역사와 권력에 대한 통찰이다.

> "
>
> 개인의 집과 공공 건물 입구에 잔디를 심는다는 생각은 중세 말 프랑스와 영국 귀족들의 저택에서 탄생했으며 이 습관은 근대 초기에 깊이 뿌리내려 귀족을 상징하는 표식이 되었다.
>
> ――
>
> 대저택 입구에 깔린 정갈한 잔디는 누구도 위조할 수 없는 지위의 상징이었다.
> 또한 잔디는 스포츠 세계를 평정했다. 축구와 테니스 같은 진짜 중요한 경기들은 잔디밭에서 열렸다.
> 인류는 이런 식으로 잔디를 정치권력, 사회적 지위, 경제적 부와 동일시하게 되었다.
>
> "

하라리의 사유 깊이를 짐작해볼 수 있는 독특한 분석이다. 특히 하라리의 잔디에 관한 생각은 테니스라는 대목에 이르면 고개가 절로 끄덕여지는 부분이 있다. 많은 이들이 공감하듯이 잔디에서 테니스를 친다는 건 과거에도 그랬지만 지금 역시 선택받은 소수의 특권이기 때문이다.

## 현대 테니스는 잔디에서 출발

오늘날 우리가 즐기는 테니스는 잔디 코트에서 시작됐다. 현대 테니스의 시작점을 19세기 말 영국 윙필드 대령의 잔디 테니스 규정집 발표라고 본다면, 잔디 코트가 곧 테니스 코트였다. 하지만 잔디는 특권이라는 말 자체에 담겨 있듯 관리하기가 용이하지 않았다. 지속적으로 잔디에 물을 뿌려 주고, 또 짧은 길이를 유지하기 위해 많은 노력을 기울여야 했다. 또한 잔디는 걸핏하면 벗겨지기 십상이어서 큰 대회를 한번 치르고 나면 민둥산처럼 만신창이가 되기 마련이었다. 더 근본적으로는, 기후 조건이 맞지 않으면 잔디를 1년 내내 좋은 상태로 유지하기가 하늘의 별 따기였다. 그래서 현대 테니스에 두 번째로 등장한 것이 바로 클레이 코트다. 클레이는 진흙, 점토로 이뤄져 있다. 따라서 관리 비용이 저렴하다. 지금은 클레이 코트 대회의 대명사가 된 프랑스 오픈도 초창기에는 잔디 코트 대회였다가, 1890년대에 이르러 클레이로 바뀌었다.

잔디와 클레이는 어찌 보면 마치 빈부의 격차처럼 많은 것이 반대적 속성을 지니고 있다. 잔디 코트는 굉장히 공의 속도가 빠르고 바운드가 낮게 깔리는 특성이 있다. 또 습기를 머금은 날이면 굉장히 미끄러워 난다 긴다 하는 선수들도 자주 엉덩방아를 찧는다. 반면에 클레이는 부드럽고 말랑말랑한 재질의 표면으로 이뤄져 있어 공의 속도가 현저하게 느려지고 바운드는 정반대로 높게 튀는 성질이 있다. 잔디처럼 미끄러지지는 않지만, 양쪽 다리를 이용해 자유롭게 슬라이딩을 할 수 있는 특징이 있다.

## 제3 중립지대 하드 코트의 약진

이렇게 크게 두 가지로 양분되어온 테니스 코트는, 20세기 중반 이후 제3의 '중립적' 코트의 등장으로 새 국면을 맞게 된다. 바로 콘크리트 바닥인 하드 코트의 약진이다. 하드 코트는 잔디와 클레이의 장점만을 합쳤다고 해야 할까. 거기에 굉장히 바운스가 일정하고 안정적이라는 하드 코트만의 장점까지 더해진다. 코트 속도는 잔디와 클레이의 중간 정도로 볼 수 있고, 무엇보다 인공적 조형물이기 때문에 이 속도를 인위적으로 조절하는 것

도 가능하다. 하드 코트를 만들 때 코트 표면 바로 아래층에 얼마나 많은 모래를 섞느냐에 따라서 소프트 쿠션 하드 코트가 될 수도 있다. 아니면 굉장히 딱딱한 표면을 만들 수 있다. 딱딱한 하드 코트는 선수들의 무릎에 무리를 주기 때문에, 최근 호주 오픈과 US 오픈 등 메이저 대회 등은 점차적으로 하드 코트 표면을 부드럽게 깔고 있는 추세다.

# 빠르다 vs 느리다 vs 적당하다

하드라는 제3의 코트 출현으로 인해 테니스의 재미는 훨씬 풍성해졌다. 그 재미는 다양성을 기반으로 나온다. 내로라하는 테니스 최정상급 선수들이 각 코트의 표면 성질에 따라 희비가 엇갈리는 상황이 이어져왔기 때문이다. 잔디 코트에서 강한 선수는 코트 표면의 속도와 바운스를 고려할 때 아무래도 서브가 좋은 선수들에게 유리하다. 클레이 코트는 반대로 서브가 약하지만, 느린 코트 표면을 바탕으로 긴 베이스라인 랠리에 능하고 체력이 출중한 선수가 두각을 나타낸다. 하드는 조금 단순하게 말하자면, 이 양쪽의 장점을 두루 갖춘 선수들이 성적을 내는 것이 일반적이었다. 과거만 해도 잔디와 클레이의 성적 차가 뚜렷하게 나는 선수들이 많았다. 1990년대 남자 테니스를 평정한 피트 샘프러스는 강한 서브와 발리가 주특기여서 잔디와 하드에서는 날아다녔지만, 클레이만 오면 작아졌다. 메이저 8회 우승에 빛나는 이반 렌들은 반대로 프랑스 오픈에서 많은 우승 트로피를 거머쥐었지만 잔디 코트인 윔블던의 한을 끝내 풀지 못하고 은퇴했다.

테니스의 한 시즌도 위 3가지 코트 표면을 적절하게 배분하고 있다. 1월 야외 하드 코트에서 열리는 호주 오픈을 시작으로 약 3개월간 하드 코트 시즌이 시작된다. 4월에는 유럽의 뜨거운 햇살 아래 석 달간 클레이 대장정이 펼쳐진다. 그 뒤 7월 한 달간 짧은 잔디 코트 시즌이 열리는데, 한 해의 하이라이트라고 해도 과언이 아닌 최고 전통과 권위의 윔블던이 바로 이 시기에 열린다. 8월부터 다시 US 오픈으로 대표되는 북미 하드 코트 시즌을 거쳐 10월 이후에는 북반구의 쌀쌀한 날씨를 감안, 실내 하드 코트 시즌으로 마무리된다.

이렇게 다양한 코트 표면의 성질로 인해 테니스 팬들은 1년 내내 상당히 이채로운 관전 포인트를 갖고 테니스를 즐길 수 있게 되는데, 비슷한 사례를 다른 종목에서 찾기 어려울 정도로 테니스만의 강점이라고 여겨진다. 골프가 세계 곳곳에서 각기 다른 코스의 묘미를 선사할 수 있지만, 어디까지나 잔디를 벗어나지는 않는다. 축구 역시 경기장 외관의 변화와 관중들의 모습들이 다르지만 녹색 잔디 위에서 펼쳐지는 종목이고, 배드민턴이나 탁구, 농구와 배구 등 실내 체육관 스포츠 역시 환경의 변화는 제한적이다.

CLAY . GRASS . HARDCOURT

하지만 테니스는 각기 다른 3가지 표면적 특징이 있는 코트의 다양화로 인한 상당한 차별성을 갖는다. 붉은색 클레이 코트를 보는 것이 조금 과하다 싶을 때면, 윔블던의 녹색 잔디가 찾아오는데 이 시각적 대비로 인한 전환 효과도 쏠쏠하다. 또 시즌의 절반 이상을 차지하는 하드 코트 역시, 태평양 바다처럼 푸른색 표면부터 전통적인 녹색, 공과의 대비가 뚜렷한 보라색과 시안성이 획기적으로 더욱 개선된 블랙 코트까지 다양한 색상의 향연이 이어지고 있다.

이렇게 3가지로 대표되는 코트의 특성이 가장 정점을 이루는 지점이 있는데 바로 그랜드슬램 대회이다. 한 해 총 4번에 걸쳐 열리는 이 그랜드슬램 대회는 각기 다른 성질의 코트 표면을 갖고 있기 때문에 더욱 독자적인 가치를 지니는데, 그만큼 다양한 그랜드슬램 챔피언들이 배출되어 왔다.

# 02

# 황제의 천적
# 납시오

라파엘 나달의 일대기를 논할 때 빼놓을 수 없는 인물은
'테니스 황제' 로저 페더러다. 나달은 프로 무대에 뛰어들
때부터 확실한 목표 한 가지가 있었으니, 바로 황제를
뛰어넘는 것이었다. 페더러를 넘기 위해 나달은 노력에
노력을 거듭해 훨씬 더 좋은 선수로 거듭날 수 있었다.
그런데 이는 나달에게만 적용된 효과가 아니다. 페더러
역시 나달의 존재로 인해 시련을 겪었지만, 도전은 응전을
낳았고, 페더러의 테니스 역시 한 차원 높아졌다.

## 춘추전국시대의 종결자

라파엘 나달이 십대 중반 혜성처럼 나타나 잠재력을 발휘하고 있을 즈음, 테니스 세상은 그동안 본 적 없는 절대 강자가 출현해 장기 집권 체제를 갖춰나가고 있었다. 스위스 바젤에서 태어난 이 사나이는 나달의 프로 전향 2년차인 2003년 7월 윔블던 잔디 바닥에 무릎을 꿇은 채 벅찬 눈물을 쏟아내고 있었다. 22세에 자신의 첫 그랜드슬램 우승 트로피를 들어 올린 로저 페더러의 감격적인 우승 세리머니였다.

로저 페더러는 국내 테니스 동호인들과 언론으로부터 아주 오랜 기간 '테니스 황제'라는 칭호를 받아온, 테니스의 상징과도 같은 선수다. 어떤 종목에서 우리가 황제라는 애칭을 부여할 때는 저마다 엄격한 기준이 있다. 마이클 조던을 농구 황제로 부르는 까닭은 크게 두 가지다. 다른 선수들이 범접할 수 없는 최고의 기록을 남겼고, 또 하나는 조던이 뛰는 모습 그 자체가 농구의 교과서 같은 인상을 주기 때문일 것이다. 농구 하면 떠오르는 게 조던이라면, 적어도 이 책을 쓰는 시점까지도 테니스의 대명사 하면 페더러의 존재를 부인하기 어렵다. 이 책의 주인공 나달과

조코비치가 페더러의 각종 기록을 추월했기 때문에 이제 '황제'라는 칭호를 섣불리 갖다 붙이기는 어렵게 됐지만 말이다.

페더러의 진정한 황제 대관식은 2004년 1월로 봐야 할 것이다. 시즌 첫 메이저 대회인 호주 오픈에서 우승한 뒤 곧바로 종전 세계 1위인 앤디 로딕(미국)을 제치고 세계 정상의 위치에 올라섰는데, 그때 호주 오픈에서 페더러는 동시대 라이벌들을 '도장 깨기' 하듯이 물리쳤다. 34세의 백전노장 안드레 애거시부터 호주의 간판 레이튼 휴이트, 그리고 2000년 약관 스무살의 나이에 US 오픈 챔프에 오른 마라트 사핀까지. 비유하자면 페더러는 수많은 봉건 영주들이 저마다 천하통일을 꿈꾼 춘추전국시대를 종결한 진나라 시황제 같은 존재였다.

언젠가 안드레 애거시는 페더러에 대해 이렇게 말한 적이 있다.

"누구에게나 약점은 있습니다. 나의 최대 적수였던 샘프러스도 어떤 부분을 공략하면 이길 수 있다는 계산이 섰지요. 하지만 페더러는 그런 게 하나도 없습니다. 약점이 없어요."

## 황제를 격침시키다

이렇게 완벽함의 상징처럼 여겨진 페더러에게 처음으로
약점을 발견하여 가르쳐준 주인공이 바로 라파엘
나달이었다. 2004년 3월 미국 마이애미에서 열린 마스터스
시리즈였다. 압도적인 우승 후보 로저 페더러 앞에 18살
신예 나달이 3회전에서 도전장을 던졌다. 현역 최고의
선수와 떠오르는 별의 맞대결이라는 기대감은 있었지만,
그래도 승부에서는 페더러의 압도적인 우세가 점쳐졌다.
뚜껑을 열어보니 충격적인 결과가 나왔다. 나달이 페더러를
세트 스코어 2-0으로 가볍게 쓰러뜨린 것이다. 그 어떤
상대를 만나도 경기를 지배하던 페더러는 세계 36위에
불과했던 나달을 만나 쩔쩔매는 모습을 보였다. 도대체
어떻게 이런 일이 가능했던 것일까. 단순히 페더러의
컨디션이 일시적으로 좋지 않던 상황에서 나온 우연의
산물이었을 뿐일까.

그렇지 않다는 것은 그로부터 1년 뒤 같은 장소에서 또
다시 확인됐다. 이번에는 결승전이었다. 18세 나달이 생애
처음 마스터스 시리즈 결승에 올랐고, 페더러는 1년 전의
패배를 설욕할 각오를 단단히 하고 코트 위에 올라섰다.

데자뷔였다. 2004년 마이애미 오픈 32강전과 판박이처럼
경기가 진행됐다. 페더러는 나달의 사납게 할퀴는 포핸드
공격에 어찌할 바를 모른 채 무기력하게 끌려갔다. 첫
세트를 6-2로 가볍게 따냈고 심기일전한 페더러를
상대로 2세트 역시 타이 브레이크 접전 끝에 7-6으로
승리했다. 게다가 3세트에서도 먼저 페더러의 서브권을
가져와 리드하고 있었다. 승리는 눈앞에 온 듯 했다. 세계
1위 테니스 황제를 상대로 18살 젊은 피가 그랜드슬램
다음 가는 규모의 마스터스 시리즈 결승전 승리를 외치기
직전이었다.

하지만 아직 나달은 낭랑 18세였다. 자신의 인생에서 가장
거대한 승리가 다가온다고 생각하자 긴장감이 온몸을
지배했다. 1, 2세트와 달리 소극적인 몸놀림을 보인 나달은
3세트를 타이 브레이크 접전 끝에 내줬고, 5세트 큰 경기
경험이 많지 않은 나달은 이때부터 무너지기 시작했다.
결국 페더러가 먼저 두 세트를 내주고 내리 3번의 세트를
가져오는 '리버스 스윕'을 해내며 우승컵을 들어올렸다.
하지만 그곳에 모인 관중들은 페더러의 승리보다 나달의
분전에 방점을 찍고 있었다. 절대 강자 페더러를 두 번

나달은 놀라운 선수입니다.

다른 선수들이 도저히 구사할 수 없는 샷을 칩니다.

특별하고 유니크합니다.

게다가 끈기가 있죠.

정신력과 체력을 대회 기간 내내

유지할 수 있는 능력을 보유하고 있습니다.

나는 클레이 코트에 전혀 문제가 없습니다.

내게 있어 유일한 문제는 나달입니다.

# ROGER FEDERER

연속으로 패배 직전까지 몰고 간 나달의 존재감에 주목했고, 몇몇 전문가들은 나달이야말로 페더러의 '천적'이라는 평가를 내리고 있었다.

## 나달, 페더러의 유일한 대항마

나달이 페더러의 천적이 될 수 있다는 세간의 평가는 사실 설득력이 있었다. 요컨대 나달은 페더러가 싫어하는 테니스만 골라서 구사할 수 있었다. 시속 200㎞가 넘는 강서브를 정확히 서브 라인의 구석에 꽂아 넣을 수 있는 능력이야말로 페더러의 가장 큰 강점이다. 또 페더러의 포핸드는 현역은 물론 역대 최고라는 찬사를 받을 정도로 강하고 정교했다. 이 두 가지 장점을 바탕으로 페더러는 동시대 라이벌들을 제압할 수 있었다.

그런데 나달을 만나면 이 두 장점이 상쇄된다. 우선 나달은 누구보다 서브를 받아내는 리턴에 능했다. 페더러의 총알 같은 강서브를 잘 걷어 올려 스트로크 대결로 몰고 갈 수 있었다. 포핸드를 앞세운 페더러의 한 템포 빠른 공격은 이른바 '우주 방어'로 통칭되는 나달의 찰거머리 같은 수비에 막혔다. 다른 선수를 상대했다면 이미 끝나 있어야 할 포인트가, 나달만 만나면 계속해서 랠리가 이어지는 상황이 반복됐다. 이러다보니 페더러는 무리한 공격을 시도하게 되고, 어마어마한 양의 범실이 쌓이게 된다.

그러나 나달이 페더러만 만나면 강해지는 진짜 이유는 따로 있다. 바로 왼손잡이라는 사실 때문이다. 물론 이런 반론이 가능하다. 나달 외에 다른 왼손잡이 선수들은 왜 페더러에게 천적이 되지 못하는가. 하지만 이에 대한 정확한 답변은 나달의 왼손잡이, 그리고 독특한 포핸드 기법에 숨겨져 있다.

## 왜 나달은 페더러에 강한가

테니스는 기본적으로 대각선, 크로스 각도의 싸움이다. A선수가 포핸드를 치면 그 공의 궤적은 완만한 대각선을 그리며 상대 코트 반대편으로 넘어간다. 오른손잡이가 포핸드를 쳤을 때, 네트 건너편 상대가 같은 오른손잡이일 경우 '포핸드 vs 포핸드'의 대결이 된다는 뜻이다. 그런데 왼손잡이가 포핸드를 친다면 어떻게 될까. 네트 너머 대각선으로 넘어간 공은 오른손잡이 상대의 백핸드로 향하게 된다. 보통 선수들은 포핸드보다 백핸드가 약한 편이다. 즉 나달은 일상적으로 편안하게 치는 포핸드가 페더러의 약점인 백핸드로 향하게 되고, 이렇게 되면서 페더러는 기본적인 그라운드 스트로크 싸움에서 불리함을 안게 된다는 설명이다.

하지만 이것만으로는 천하의 페더러를 무너뜨리기 쉽지 않다. 세계

1위의 백핸드가 그렇게 약할 리 만무하지 않겠는가. 여기서 나달의
스트로크 매커니즘의 특징이 빛을 발한다. 나달은 보통 선수들보다
포핸드를 칠 때 훨씬 많은 회전을 싣는다. 프로 테니스 선수들은
라켓으로 공을 타격할 때 단순히 세게만 치는 것이 아니라,
회전을 듬뿍 매겨서 속도를 높이는 동시에 공이 바닥에 맞고 튀어
오르는 바운드를 높게 만든다. 이 톱스핀 회전이 비상식적으로
많이 형성되는 스트로크가 바로 나달의 포핸드다. 나달의 톱스핀
포핸드는 엄청난 높이의 바운드를 만들게 되는데, 이는 페더러의
백핸드 어깨 높이 위까지 치솟게 된다.

그런데 여기서 또 한 가지 나달-페더러의 결정적 상성相性이
나타나게 되는데 하필이면 페더러가 남자 테니스에서 보기 드문
한손 백핸드를 구사한다는 점이다. 요즘 선수들은 대부분 백핸드를
칠 때 힘과 안정성에서 더 나은 투핸드 백핸드를 사용하지만,
페더러는 정통파에 속했다. 원핸드 백핸드의 치명적 약점 가운데
하나는 높은 공 처리가 어렵다는 점이다. 결국 나달은 페더러를
상대할 때 왼손잡이의 이점을 충분히 살릴 수 있는 경기를 펼칠
수 있는 반면에, 페더러는 늘 도전 과제를 해결해야 하는 불리함을
안고 싸워야 했다.

그리고 이 상성은 나달이 특히 더 강한 클레이 코트에서
극대화된다. 딱딱한 하드 코트와 달리 클레이는 나달의 강점이
가장 잘 구현되는 성질을 갖고 있다. 클레이 코트는 부드럽고
덜 딱딱한 흙으로 만들어져, 공의 바운드가 더 높아지는 속성이
있다. 게다가 공에 실린 에너지를 클레이가 다른 코트보다 더 많이
흡수하는 성질까지 있어, 바운드 뒤 속도도 느려진다. 공격적인
페더러에게는 최악, 수비에 강한 나달에게는 최상의 조건이
형성되는 셈이다.

실제로 나달은 2005년 4월부터 시작된 클레이 코트 시즌에서 두
가지 영광스런 칭호를 얻게 된다. 클레이에서 열린 모든 대회를
휩쓸어 '클레이 코트 스페셜리스트'라는 찬사를 받은 동시에,
클레이 코트에서 열리는 유일한 메이저 대회인 프랑스 오픈에서
세계 1위 로저 페더러에게 패배를 안기며 '페더러 천적'이라는
수식어가 따라붙었다.

그 가운데 두 번째 수식어는 남자 테니스의 판도를 근본적으로
바꿔놓을 수 있는 중대한 변곡점이었다. 지배자 페더러의 유일한
대항마로 나달이라는 카드가 급부상하게 된 것이다. 나달은
2005년 프랑스 오픈 준결승전에서 페더러를 3–1로 꺾은 뒤
이듬해 윔블던 결승전에서 다시 만나기 전까지 내리 5연패를
안기며 진짜 천적으로 자리매김했다. 테니스 역사상 유례를
찾아보기 힘든 압도적인 선수 페더러에게 찾아온 단 하나의 끔찍한
악몽이었다.

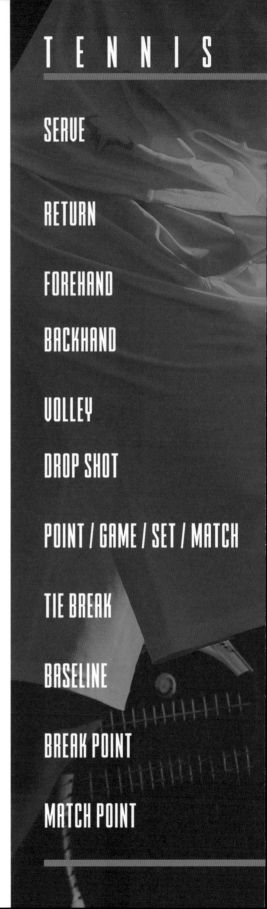

TENNIS

SERVE

RETURN

FOREHAND

BACKHAND

VOLLEY

DROP SHOT

POINT / GAME / SET / MATCH

TIE BREAK

BASELINE

BREAK POINT

MATCH POINT

**서브**

테니스 포인트의 시작점으로 공격하는 선수가 상대편 코트에 공을 쳐 넘기는 일. 구질에 따라 플랫-슬라이스-스핀 3종류가 있다. 플랫 서브가 가장 빠르고 강하다. 테니스에서는 두 번의 서브 기회가 주어지며 첫 서브에 실패하면 세컨 서브를 넣을 수 있는데 이마저도 실패하면 '더블 폴트'가 되어 점수를 잃게 된다.

**리턴**

상대가 넘긴 서브를 받아 넘기는 행위. 가장 속도가 빠른 서브를 받아내야 하므로 엄청난 집중력이 요구된다. 노박 조코비치가 역대 최고의 리턴 능력 보유자로 평가받는다.

**포핸드**

테니스에서 가장 기본이면서 중요한 기술. 라켓으로 공을 때려 넘기는 행위인데 오른손잡이의 경우, 공이 오른쪽으로 왔을 때 강하게 쳐 네트를 넘긴다.

**백핸드**

오른손잡이 기준 공이 왼편으로 올 때 손등이 상대편을 향하도록 하고 치는 타구 행위. 한손 백핸드와 두손 백핸드로 나뉘며 최근 프로 선수들은 안정성이 높은 투핸드 백핸드를 선호한다.

**발리**

보통 네트 앞에서 공중에 있는 볼을 바운드 없이 바로 타격하는 방법. 포핸드 발리와 백핸드 발리로 나뉘며 무엇보다 네트 앞에서 신속한 반사 신경이 중요하다.

**드롭샷**

공에 역회전을 가해 상대 코트에 짧게 떨어뜨리는 기술샷. 보통의 스트로크가 공을 앞으로 밀어 회전을 가하는 톱스핀을 가하는 반면, 드롭샷은 정반대 방향으로 깎아 쳐 역회전을 유도해 상대의 허를 찌를 수 있다.

**포인트, 게임, 세트, 매치**

최소 득점 단위인 포인트 4개가 모여 하나의 게임을 따낼 수 있다. 6게임을 먼저 따내면 1세트를 획득하고 메이저 대회 남자 단식의 경우 3세트를 먼저 따내면 최종 승리인 '매치'를 가져가게 된다.

**타이 브레이크**

게임 스코어 6-6이 되었을 때 돌입하는 '서든 데스' 방식 스코어. 서브를 두 개씩 번갈아 넣으며 먼저 7점을 획득하는 선수가 승리한다. 타이 브레이크 스코어조차 6-6이 되면 먼저 2점을 연속 득점할 때까지 승패를 가릴 수 없다.

**베이스라인**

코트 가로 방향으로 길게 뻗은, 서브를 넣을 때 넘지 말아야 할 기준선. 수비 지향적인 선수는 베이스라인 뒤쪽으로 물러나 플레이하고, 공격형 선수는 베이스라인 안쪽으로 들어가 경기하는 걸 선호한다.

**브레이크 포인트**

서브권을 갖고 있는 선수가 한 포인트만 더 내주면 게임을 잃게 되는 상황. 보통 서브권자가 절대 유리하기 때문에 브레이크 포인트에 몰리면 위기감을 느끼게 된다.

**매치 포인트**

한 포인트만 더 따면 경기의 최종 승자가 되는 스코어. 진정한 승부사는 매치 포인트를 잡았거나 반대로 몰렸을 때조차 냉정을 잃지 않는다.

# 03

흙으로 만든 클레이 코트는 대다수 테니스 프로들에게 악몽 같은 곳이다. 끝도 없이 이어지는 랠리, 불규칙한
바운드, 10분만 뛰어도 적갈색으로 물드는 흰색 양말 등등. 하지만 라파엘 나달은 고통을 이겨내는 능력이
누구보다 뛰어났고, 나아가 피할 수 없는 고통을 즐기는 유형의 선수였다.

하드 코트는 몸에 좋지 않습니다.
스포츠가 산업이고 이런 종류의 코트를 만드는 것이 잔디나 클레이보다 쉽다는 건 압니다만,
그건 100% 잘못된 일입니다.

## 데이비스컵이라는 보약

우리는 살면서 누구나 인생의 전환점이 되는 순간을 맞는다. 백년가약을 맺어줄 소중한 동반자를
만난다거나, 군에 입대해 최전방에서 혹독한 근무를 서면서 인생관이 달라진다거나, 그게 아니라면
억세게 운이 좋아 복권에 당첨되는 순간이 찾아올 수도 있다. 인생은 그 전환점을 맞기 전과 후로 나뉜다.
라파엘 나달의 테니스 커리어에 첫 번째 커다란 전환점은 2004년 연말에 찾아왔다. 아직 세계 랭킹
51위에 불과한 18살의 나달은 연륜 넘치는 스페인 테니스의 베테랑 선배들의 그늘에 가려 있었다.
스페인은 지금도 그렇지만, 끝없이 인재가 배출되는 테니스 강국이다. 2004년 12월 당시 스페인
국가대표팀에는 한때 세계 랭킹 1위까지 올랐던 후안 카를로스 페레로, 카를로스 모야, 토미 로브레도 등
이름만 대면 알 수 있는 스타급 플레이어들이 즐비했다.
테니스는 지극히 개인적인 스포츠 종목이나, 때로는 각 나라의 국가가 웅장하게 울려 퍼지는 국가
대항전이 열리기도 한다. 1900년 영국과 미국의 정기 교류전 형식으로 출발한 데이비스컵은 테니스
강국들의 자존심이 걸려 있는 가장 치열하고 중요한 국가 대항전이다. 데이비스컵 결승전은 시즌의 모든
투어 일정이 끝난 뒤인 11월 말 혹은 12월까지 가서야 열리는데, 2004년 미국과 스페인이라는 두 강대국
간 최후 대결이 기다리고 있었다.

대표팀 막내 나달은 주전 멤버가 아니었다. 선배들의 컨디션 저하 혹은 불의의 부상 발생 시 긴급 투입되는 대체 선수였는데, 운명처럼 기회가 찾아왔다. 그것도 미국의 간판스타인 '광서버' 앤디 로딕을 상대해야 하는 엄청난 도전이었다.

2004년 로저 페더러에게 권좌를 내주긴 했지만 로딕은 여전히 세계 2위에 올라 있는 최상급의 선수였다. 다만 한 가지 승부를 걸어볼 만한 구석은 있었다. 코트 바닥이 나달이 가장 좋아하는 붉은색 클레이였기 때문이다. 로딕은 당시까지 기네스북에 등재된 시속 249㎞ 서브의 소유자였지만, 부드러운 클레이 바닥에서는 위력이 반감된다.

나달은 6만 명의 관중을 수용할 수 있는 스페인 프로축구 세비야FC의 홈구장에서 미국의 앤디 로딕과 상대했다. 가변 좌석을 설치한 경기장에는 총 2만 7,200명의 관중이 들어왔는데, 이는 당시까지 역대 테니스 경기 사상 두 번째로 많은 관중 수였다. 물론 대부분의 관중들은 스페인 사람들이었고, 당연히 나달이 한 포인트 한 포인트 획득할 때마다 축구장을 방불케 하는 뜨거운 응원을 퍼부었다.

나달은 세계 2위 로딕에게 3-1(6-7, 6-2, 7-6, 6-2)로 역전승했다. 이 승리는 나달에게 그동안 경험해보지 못한 커다란 자신감과 자부심을 심어줬다. 데이비스컵 사상 최연소 우승자로 트로피에 이름을 아로새길 수 있었을 뿐 아니라, 무엇보다 세계 톱랭커를 상대로 승리를 거두며, 적어도 클레이 코트에서 경기하면 그 누구든 이길 수 있다는 자신감을 얻었다.

## 클레이 대마왕의 등장

데이비스컵 첫 우승의 효과는 이듬해 봄 확실하게 나타났다. 2005년 클레이 코트 주요 대회를 모두
휩쓸어버리는 괴력을 발휘한 것이다. 몬테카를로와 로마에 이어, 프랑스 파리에서 열리는 메이저 대회인
롤랑 가로스(프랑스 오픈의 애칭. 2차 세계 대전 당시 전사한 공군 조종사의 이름을 기리기 위함)
챔피언에 오르며 새로운 클레이 황제의 등장을 알렸다.

2005년 나달은 연말 세계 랭킹 2위까지 올라서게 되는데, 클레이 시즌의 맹활약이 결정적이었다. 1년간
총 11개의 우승 타이틀을 수집하는 과정에서 무려 8개를 클레이에서 쓸어 담았다. 다만 여기서 간과하지
말아야 할 건 나머지 3개의 타이틀이 하드 코트에서도 나왔고, 특히 8월 캐나다 마스터스 시리즈에서
안드레 애거시를 결승에서 꺾는 등 나달이 단순히 클레이에서만 잘 하는 특화된 선수라기보다는 모든
코트 표면에 두루 능통한 테니스를 갖추고 있었다는 점이다.

2005년에서 2007년까지 3년의 시간동안 나달이 흙바닥에서 일군 성취는 과거 레전드들과도 비교
불가다. 나달은 2006년 클레이 코트에서 열린 모든 대회에서 한 번도 패하지 않았고, 이 연승 행진은
다음 해에도 이어져 2007년 5월 함부르크 마스터스 결승전에서 로저 페더러에게 패할 때까지 3년에 걸쳐
81연승이라는 거짓말 같은 기록을 남겼다.

나달이 이 기간 보여준 영웅적인 서사시는 테니스 역사책에 기록될 만했다. 2006년 로마 마스터스 결승전에서 페더러와 5시간이 넘는 대혈투 끝에 승리를 쟁취한 것은 그 가운데 백미였다. 이 대결은 실제로 남자프로테니스ATP 투어의 규정을 바꿀 정도로 역사적이었다. 이때까지 마스터스 시리즈 결승전은 그랜드슬램과 마찬가지로 5세트 방식으로 치러졌는데, 나달과 페더러가 너무나 악전고투에 가까운 혈전을 벌인 나머지 다음 대회인 함부르크 마스터스 대회에 동시 기권하는 일이 벌어졌고, 이에 따라 모든 결승전을 3세트 방식으로 축소시키는 결정을 내렸다. 메이저 대회를 22차례 이상 정복한 나달을 지금은 클레이 코트 스페셜리스트로 한정지어 부를 수 없지만, 2005~2007년 나달이 보인 행보는 역대 최고의 '클레이 스페셜리스트'라는 찬사로도 모자랄 정도였다. 과거 이 분야에서 지분을 단단히 갖고 있던 기예르모 빌라스(아르헨티나), 비외른 보리(스웨덴), 토마스 무스터(오스트리아) 등도 이 정도로 흙에 강하지는 않았다. 그것을 커리어의 1/3도 채 지나지 않은 스무살 언저리에 있는 스페인의 한 청년이 해낸 것이다.

**CLAYCOURT**

**RAFAELNADAL**

| | | | |
|---|---|---|---|
| 클레이코트 승률 | 1 네이비스컵 | 19승 6 | 100% |
| | 2 프랑스 오픈 | 112승 3패 | 98% |
| | 3 몬테카를로 마스터스 | 73승 6패 | 92% |
| | 4 로마 마스터스 | 68승 7패 | 91% |
| | 5 마드리드 마스터스 | 52승 10패 | 84% |
| | 6 클레이 코트 톱10 대결 승률 | 98승 22패 | 81.7% |

| | | |
|---|---|---|
| 클레이코트 상대전적 | **vs** 다비드 페레르 | 20승 2패 |
| | 노박 조코비치 | 20승 8패 |
| | 로저 페더러 | 15승 2패 |
| | 니콜라스 알마그로 | 14승 1패 |
| | 페르난도 베르다스코 | 10승 1패 |
| | 스탄 바브린카 | 10승 1패 |
| | 도미니크 팀 | 10승 4패 |
| | 앤디 머리 | 9승 2패 |
| | 파비오 포니니 | 8승 3패 |
| | **vs** 로빈 소더링 | 4승 1패 |

힘을 되받아치는 샷보다는 거의 모든 스트로크를 자신의
힘으로 만들어내야 하는 부담까지 따른다. 테니스에서 흙은
곧 고통일 수밖에 없다.

피할 수 없는 고통은 즐겨라. 육군 논산 훈련소에서나 들을
법한 이 말을 가장 잘 실행에 옮기는 괴물 같은 선수가 바로
라파엘 나달이다. 나달은 클레이의 고통을 즐겼다. 4시간,
5시간이 넘는 사투를 끄떡없이 해낼 뿐 아니라 이 과정에서
붉은색 흙이 온몸을 도배하고, 흰색 양말이 적갈색으로
뒤바뀌더라도, 이 고통의 과정을 즐기고 나아가서 지배한다.
롤랑 가로스 공식 백과사전의 공동 저자인 쥘리앙 피셴느와
크리스토프 소로우는 나달의 테니스에 대해 다음과 같은
격정적인 찬사를 남겼다.

**실로 엄청난 노력을 기울이는 동시에 끊임없이 완벽주의를
추구하고, 만족을 모르는 성향이 결합된 이 선수는 완벽한
챔피언의 모습을 담고 있다. 당신은 나달을 통해 롤랑
가로스 과거 챔피언들의 놀라운 자질을 발견할 수 있다.
비외른 보리의 꾸준함과 이반 랜들의 과학적 게임 플랜,
매츠 빌란더의 끈질김에 기예르모 빌라스가 가진 왼손잡이
이점, 그리고 세르지 부르게라의 솟구치는 톱스핀과 짐
쿠리어의 파워, 거기에 더해 토마스 무스터의 강인한
다리까지 갖고 있다.**

## 흙에 살리라

그렇다면 나달은 왜 클레이 코트에서 이렇게 강했을까?
먼저 테니스에서 클레이의 특징과 속성을 알아야만 '흙신'에
대한 올바른 이해가 가능할 것이다. 스페인의 전설적인
코치인 호세 히구에라스는 이렇게 말했다.

**클레이는 고통을 가르쳐준다.**

이 말이 의미하는 바는 무엇인가. 간단히 말해 클레이
테니스는 힘이 갑절로 든다는 뜻이다. 하드나 잔디보다
훨씬 긴 랠리 횟수, 아무리 세게 공격을 해도 상대가 수비에
집중하면 받아낼 수 있는 조건이기 때문에 인내심이야말로
클레이 코트에서 성공의 절대 전제가 된다. 서브 한방으로
점수를 따내는 것이 거의 불가능하기 때문에 기나긴
장기전을 각오해야 하고, 이에 뒤따르는 체력적 소모는
선수를 극한으로 몰아간다.

클레이 코트는 바운드가 높기 때문에, 서브를 넣는 지점인
베이스라인에서 한참 뒤로 물러나서 공을 받는 경우가
부지기수이며 게다가 공의 속도가 느려지기 때문에, 상대의

## 역대 최고의 클레이 스페셜리스트

나달은 앞선 세대는 물론 후대가 도저히 따라잡을 수 없는
경이적인 클레이 관련 기록들을 계속 경신해나가고 있다.
통산 10회 이상 우승한 단일 투어 대회를 나달은 4개나
보유하고 있다. 몬테카를로(11회)와 바르셀로나(12회)
로마(10회) 그리고 프랑스 오픈(14회). 모두 클레이
코트에서 열리는 대회로, 나달이 극심한 부상을 당하지
않은 상태에서 출전했다라면 거의 예외 없이 우승을 차지할
수 있었다는 뜻이다. 로저 페더러도, 노박 조코비치도 이런
경이적인 기록은 남기지 못했다.

테니스 사상 역대 최고의 선수가 누구인지를 가리는 것은
지금도 그렇지만, 앞으로도 논란의 대상이 될 것이다.
그러나 누가 역대 최고의 클레이 코트 선수인가 결정하는
건 논란의 여지가 없다. 아마도 앞으로 100년 동안, 그
대답은 한 명 외에는 찾을 수 없을 것이기 때문이다.

# 누가 흙에서 잘 했나 WHO

테니스에는 '클레이 코트 스페셜리스트'라는 말이 있다. 이 용어의 본뜻은 '클레이 코트에서 뛰어난 성적을 거두는 데 반해, 다른 코트 표면에서는 시원찮은 선수들'이다. 그런데 이런 선수들은 생각보다 많지 않다. 클레이 코트에서 통하는 테니스라면, 다른 표면에서도 충분히 잘할 수 있는 가능성이 열리기 때문이다. 라파엘 나달이 대표적인 경우다. 그는 클레이 스페셜리스트로 국한하기에 너무 재능이 뛰어났다. 이 장에서 소개하는 '흙의 전설들' 역시 마찬가지이니 오해 없길 바란다. 그들은 클레이에서'도' 잘한 선수들이다.

### 비외른 보리 Bjorn Borg

1970년대 중반 세계 테니스계를 주름잡은 비외른 보리는 존 매켄로와의 치열한 라이벌전으로 더 유명한 선수다. 2017년 〈보리 vs 매켄로〉라는 영화가 나올 정도였으니까. 메이저 대회를 11차례나 우승했지만 그 가운데 6번이 프랑스 오픈, 나머지 5번이 윔블던이었다. 잔디에서도 물론 잘 쳤지만 보리의 진가는 베이스라인 스트로크 대결이 많은 클레이 코트에서 잘 드러났다. 보리는 라파엘 나달이 등장하기 전까지 프랑스 오픈 통산 최다 남자 단식 우승 타이틀 소유자였다.

### 토마스 무스터 Thomas Muster

1995년 프랑스 오픈 결승전에서 무스터가 마이클 창을 꺾고 우승을 차지했을 때 언론은 그를 가리켜 '클레이의 황제'로 불렀다. 10년 뒤 진정한 황제의 등장을 목격한 이들이라면 섣부른 판단이었다고 일축할 수 있겠으나, 무스터가 1990년대 클레이의 최강자였음은 틀림없다. 8개의 마스터스 시리즈 타이틀 가운데 6개가 클레이에서의 성과였고, 90년대 로마와 몬테카를로의 지배자였다. 나달과 마찬가지로 왼손잡이 이점도 가진 그는 2010년대 중반 도미니크 팀의 등장 이전까지, 오스트리아가 낳은 최고의 테니스 스타였다.

### 세르지 브루게라 Sergi Brugera

라파엘 나달 시대 이전까지 스페인 최고의 클레이 코트 스페셜리스트. 1993년과 1994년 2년 연속 프랑스 오픈 우승을 차지했다. 특히 1993년 결승전에서 우승 후보 1순위 짐 쿠리어를 5세트 접전 끝에 물리치는 저력을 발휘하며 1990년대 토마스 무스터와 함께 붉은색 클레이를 지배했다. 1997년 또 한 차례 프랑스 오픈 결승에 올랐으나, 당시 혜성처럼 등장한 샛별 구스타보 쿠에르텐 돌풍의 희생양이 됐다.

## 기예르모 빌라스 *Guillermo Vilas*

비교적 클레이 스페셜리스트에 가까운 선수다. 클레이와 다른 코트 표면 간 격차가 두드러진다. 기예르모 빌라스와 비외른 보리는 70년대 클레이 코트에서 상당한 라이벌 구도를 형성했다. 그는 총 62개의 투어 타이틀 가운데 49개를 클레이에서 수확했다. 빌라스는 나달이 새로운 이정표를 수립하기 전가지 클레이 코트 53연승의 기록을 보유하고 있었다. 그토록 클레이에서 강한 선수였지만 놀랍게도 프랑스 오픈 우승은 1977년 단 1회에 그쳤고 호주 오픈(2회)을 더 많이 우승했다.

## 크리스 에버트 *Chris Evert*

여자 테니스에서 클레이 코트 관련 각종 기록을 보유하고 있는 전설적인 선수. 미국은 전통적으로 하드 코트에서 강한 선수들이 많았지만, 에버트는 예외였다. 총 18개의 메이저 타이틀 가운데 가장 많은 7개가 프랑스 오픈 트로피였다. 여자 테니스로 국한시키면 최다 우승 기록이다. 에버트의 위대함을 클레이로 한정시키는 건 말도 안 되는 일이지만, 남녀 통틀어 최다인 클레이 코트 125연승은 앞으로도 깨질 수 없는 수치다. 1973년 8월부터 1979년 5월까지 단 한 경기도 지지 않았다.

## 구스타보 쿠에르텐 *Gustavo Kuerten*

브라질이 축구는 잘하지만 테니스는 불모지에 가까운데, 쿠에르텐은 브라질 역대 최고의 테니스 스타로 부를 만했다. 1997년 아무도 예상 못한 프랑스 오픈 우승은 충격적이었고, 2000년과 2001년 두 차례 타이틀을 추가했다. 쿠에르텐이 클레이에 특히 더 강한 이유는 엄청난 회전이 담긴 톱스핀에 있었다. 나달의 등장 이전까지 프랑스 오픈을 상징하는 스타였고, 특히 2001년 그가 테니스 코트 위에 라켓으로 거대하게 그린 하트 세리머니는 아직도 팬들의 기억에 회자되는 명장면이다.

## 이가 시비옹테크 *Iga Swiatek*

2020년 프랑스 오픈에서 시비옹테크는 '여자 나달'이라는 찬사를 받기에 충분했다. 나달이 그랬던 것처럼 19세의 나이에 첫 롤랑 가로스 정상에 올라섰고, 나달을 흉내라도 낸 것처럼 엄청나게 감아 치는 그녀의 포핸드는 남자 선수들을 상회하는 톱스핀 회전량을 보이며 강적들을 연이어 격파해나간 원동력이었다. 2년 뒤 또 한 차례 압도적인 경기력을 보이며 자신의 프랑스 오픈 두 번째 우승 트로피를 챙겼고, 앞으로 얼마나 더 클레이 코트에서 뛰어난 기록을 남길 지 가늠할 수 없다. 이미 세계 랭킹 1위 고지를 점령했다.

# 04

# 난 왼손잡이야

2009년 독일의 노르베르 하제만이라는 스포츠 과학자는 흥미로운 실험 결과를 내놨다. 54명의 오른손잡이 선수들과, 반대로 54명의 왼손잡이 선수들의 테니스 샷을 모은 영상을 실험 지원자들에게 보여주고, 그들의 샷의 방향을 예측해보라고 요청했다. 지원자들은 이구동성으로 왼손잡이 선수들의 샷이 예측하기 어렵다는 반응을 내놨다.

밥을 먹을 때는 양손을 다 씁니다.
하지만 테니스를 오른손으로 치는 것은 불가능합니다.
왜 그런지는 나도 모르겠습니다.

## 오른손잡이가 왼손으로 테니스를 칠 때

가장 큰 이유는 역시 익숙함의 차이였을 것이다. 전
세계 인구의 대략 90%는 오른손잡이, 나머지가 10%가
왼손잡이라고 알려져 있다. 이 비율을 똑같이 테니스
선수들에게도 적용한다면, 투어 대회에서 오른손잡이가
왼손잡이를 상대할 확률은 10% 정도에 불과하다. 반대로
왼손잡이는 거의 대부분인 90%의 경기가 오른손잡이와의
대결이다.

나달의 커다란 성공 요인 가운데 하나가 왼손잡이라는
데 이견의 여지는 별로 없을 것이다. 물론 그의 초인적인
운동 능력과 정신력을 감안한다면, 오른손으로 라켓을
잡았더라도 그 못지않은 성공을 거두었을 확률이 높지만.
그럼에도 불구하고 2022년 기준 메이저 대회 통산 최다
우승 기록을 보유하게 된 나달의 가장 큰 원동력 가운데
하나가 왼손잡이라는 점을 부인하기는 어려울 것이다.

널리 알려졌듯이 나달은 원래 오른손잡이였다. 지금도
밥을 먹을 때나 골프를 칠 때 그는 오른손을 사용한다.
그런데 테니스 라켓을 잡는 손은 왼손이다. 어쩌다 나달은
왼손잡이로 '전향'하게 됐을까?

이 역시 훈육의 대가 토니 나달의 작품이라는 것이
정설이다. 하지만 억지로 강요한 건 아니었다. 4살부터
테니스를 시작한 나달은 두 손으로 라켓을 잡고 포핸드와
백핸드를 쳤다. 라켓을 쥐는 힘이 부족한 어린이들이 흔히
사용하는 방법이다. 그러던 어느 날 토니 삼촌은 나달을
불러 말했다. 프로 선수들이 너처럼 두 손으로 라켓을 잡고
포핸드를 치지는 않는다고. 그래서 한 손 포핸드로 바꾸는
과정에서 나달 스스로가 조금 더 편안하다고 느낀 왼손을
사용하게 됐다는 것이다.

토니 나달은 훗날 나이키와의 인터뷰에서 이렇게 밝혔다.
"참 이상한 일입니다. 나달이 왼손을 사용하는 건 테니스
라켓을 잡을 때뿐이니까요. 공을 잡을 때 나달은 항상
오른손을 씁니다. 오른손잡이이니까요. 공을 던질 때도
마찬가지로 오른손으로 던져요. 어릴 적 나달은 양손으로
포핸드를 쳤어요. 힘이 모자라서 그랬습니다. 저는 한손으로
포핸드를 치는 것이 두 손보다 훨씬 낫다고 생각했어요.
왜냐하면 프로 선수 가운데 그렇게 치는 선수가 한 명도
없었으니까요. 결국 왼손으로 포핸드를 치기로 우리는
결정했습니다. 왼손으로 포핸드를 치기 시작한 뒤 첫
대회는 굉장히 어려웠습니다. 그렇지만 그건 이겨내야 하는
과정일 뿐이었죠."

## 향후 20년을 좌우한 선택

순간의 선택이 10년을 좌우한다. 과거 국내 전자제품
광고에서 유행했던 카피인데, 나달이 왼손잡이를 택한 것이
바로 그 경우였고, 신의 한 수였다.

본래 오른손잡이가 테니스 라켓을 왼손으로 잡았으니만큼
평범한 한손잡이라면 얻을 수 없는 또 다른 이점도 있었다.
가장 결정적으로, 나달의 투핸드 백핸드의 위력이 배가될
수 있었다. 동작상 오른손의 힘 비중이 적지 않기 때문에
나달의 투핸드 백핸드는 사실상 오른손잡이 포핸드와 같은
효과를 낼 수 있다. 나달이 커리어 중반 이후 갈고 닦은
기술 가운데 하나가 투핸드 백핸드를 크로스 방향으로
날카롭고 빠르게 보내는 샷인데, 이는 오른팔의 강인한
근력이 없으면 해내기 어려운 샷으로 평가된다.

테니스에서 가장 중요한 공격 샷이라고 할 수 있는
포핸드를 왼손으로 치게 되면서 얻게 되는 이점은 두말하면
잔소리다. 앞서 언급한 로저 페더러의 천적으로 군림할 수
있었던 가장 큰 원동력이다. 또 한 가지. 보통 오른손잡이를
상대할 때 선수들은 습관적으로 상대의 백핸드 쪽을
공격한다. 그리고 이 공격을 위해 평소 훈련에서 더욱
날카롭게 샷을 갈고 닦는다. 승패를 가를 수 있는 결정적
한방을 마련하기 위해서다.

그런데 익숙하지 않은 왼손잡이 나달을 상대할 때 이렇게
생각하다가는 도리어 코코다치게 마련이다. 회심의
한방으로 보낸 강력한 샷이 오히려 왼손잡이 나달에게는
가장 큰 무기인 포핸드 쪽으로 향하는 '먹잇감'이 되기 쉽기
때문이다. 이 모든 복잡한 변수를 고려해야 하는 자체가,
상대에게는 커다란 스트레스가 아닐 수 없다.

그래서 나달은 참 어려운 상대다. 아직 완성도가
한참 떨어질 수밖에 없었던 10대 후반 시절부터 경험
많은 베테랑 선수들에게 곧잘 이변을 일으킨 이유는,
따지고 보면 까다롭기 그지없는 왼손잡이라는 측면이
크게 작용했을 것이다. 이는 나달이 삼십대 중반을
넘어선 지금도 마찬가지로 적용된다. 소위 넥스트
제너레이션이라고 불리는 젊은 선수들은 페더러, 나달,
조코비치 가운데 가장 이기기 어려워하는 상대로 주저 없이
나달을 꼽는다. 원래 극강의 테니스를 갖추고 있는데다,
희소성이 더해진 왼손잡이라는 또 다른 강점까지 갖고 있는
나달은, 예나 지금이나 남자 테니스의 '끝판왕'으로 통한다.

ROD
**LAVER**

JOHN
**MCENROE**

JIMMY
**CONNORS**

MARTINA
**NAVRATILOVA**

MONICA
**SELES**

RAFAEL
**NADAL**

# THE BEST LEFT-HANDED PLAYERS

### 역대 왼손잡이 메이저 우승 횟수

| | | | |
|---|---|---|---|
| 1 | 라파엘 나달 | 🎾🎾🎾🎾🎾🎾🎾🎾🎾🎾🎾🎾🎾🎾🎾🎾🎾🎾🎾🎾🎾🎾 | 22 |
| 2 | 마르티나 나브라틸로바 | 🎾🎾🎾🎾🎾🎾🎾🎾🎾🎾🎾🎾🎾🎾🎾🎾🎾🎾 | 18 |
| 3 | 로드 레이버 | 🎾🎾🎾🎾🎾🎾🎾🎾🎾🎾🎾 | 11 |
| 4 | 모니카 셀레스 | 🎾🎾🎾🎾🎾🎾🎾🎾🎾 | 9 |
| 5 | 지미 코너스 | 🎾🎾🎾🎾🎾🎾🎾🎾 | 8 |
| 6 | 존 매켄로 | 🎾🎾🎾🎾🎾🎾🎾 | 7 |

# 테니스에서

대학수학능력 시험문제에 다음과 같은 문제가 나왔다고 가정해보자. 주관식이다.

다음 인물들의 공통점은 무엇입니까 ————————————————————?
레오나르도 다빈치, 나폴레옹, 카이사르, 베토벤, 뉴턴, 빌 게이츠, 지미 헨드릭스, 라파엘 나달.

정답은? 물론 칼럼 제목에서 눈치 챘겠지만 이들은 인류 역사, 그리고 다양한 방면에서 최고의 자리에 오른 왼손잡이 위인들이다. 맨 마지막으로 이름을 올린 라파엘 나달 역시 스포츠 위인전에 등장할 뛰어난 왼손잡이 천재로 역사에 기록될 것이다. 왼손잡이가 천재가 될 가능성이 높다는 가설은 나름 과학적 근거가 있다. 우리의 머릿속 대뇌는 좌뇌와 우뇌로 갈리는데, 좌뇌가 읽기, 쓰기, 말하기와 같은 언어성 지능을 관장한다. 따라서 좌뇌가 발달한, 즉 왼손잡이가 말과 글로 세상을 바꾸고 이끄는 데 더 유리하다는 관점이다.

그런데 굳이 타고난 천재가 아니더라도 왼손잡이가 극진한 대접을 받는 세상이 있으니 그것이 바로 테니스다. 테니스는 왼손잡이에게 유리한 점이 뚜렷한 스포츠다. 물론 테니스 외에도 희소가치 높은 왼손잡이가 득세하는 종목은 얼마든지 있다. 프로야구에서도 좌완 에이스의 가치는 높다. 전성기에서 내려온 류현진과 김광현이 이탈한 야구 국가대표팀이 최근 몇 년간 얼마나 국제대회 성적을 못 내고 있는지 보면 알 수 있다. 축구에서도 이른바 '왼발의 달인'들은 특별한 대우를 받는다. 하지만 테니스는 왼손잡이 우대권이 유난히 더 많이 발굴된다. 여기에는 매우 과학적이면서도 논리적인 이유가 있다. 테니스 라켓을 왼손으로 잡으면 도대체 무엇이 더 유리한 걸까?

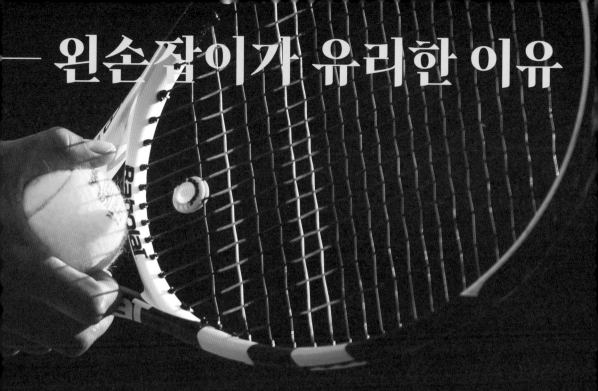

# 왼손잡이가 유리한 이유

## 10% 희소성의 어드밴티지

일단 다른 종목과 마찬가지인 희소성의 문제부터 살펴보자. 세계 인구의 10% 정도만이 왼손잡이로 알려져 있다. 그 비율은 사실 남녀 프로테니스에서도 거의 그대로 적용된다. 세계 100위 이내의 선수 가운데 왼손잡이 비율은 대략 10% 정도로 알려져 있다. 그만큼 오른손잡이 입장에서, 왼손잡이와 상대할 경우가 매우 적다는 뜻이다.

게다가 왼손잡이의 테니스는 오른손잡이와 '정반대'의 속성을 갖고 있다. 오른손잡이가 평범하게 때리는 포핸드 크로스는, 역시 같은 오른손잡이의 포핸드로 향하지만 왼손잡이의 포핸드는 백핸드로 향하게 된다. 보통의 프로 선수들은 포핸드보다 백핸드가 다소 약하기 때문에, 왼손잡이는 상대의 약점인 백핸드로 매우 편안하게 자신의 포핸드 대각 공격을 취할 수 있다.

그렇다면 이런 반론이 가능할 것이다. 오른손잡이도 왼손잡이의 백핸드를 노리면 되지 않느냐고. 그러나 여기서 바로 희소성의 원리가 적용된다. 오른손잡이들은 90%의 경기를 오른손잡이와 대결하는데, 이러다 보니 낯선 왼손잡이를 상대하게 되면 자신이 평소 즐겨하는 스타일의 경기를 바꿔야 하고, 불편해진다. 반대로 왼손잡이들은 평소 90% 이상의 경기를 자신과 반대인 오른손잡이들과 대결하기 때문에, 별도의 전략 변경 없이 '하던 대로' 하면 된다. 이것은 1~2%의 득점률 차이로 승패가 갈리는 테니스에서 결코 무시할 수 없는 변수가 된다.

또한 테니스는 공에 일정량의 회전을 가하는 종목이다. 오른손잡이와 왼손잡이가 구사하는 회전의 방향은 정반대가 된다. 특히 서브에서 결정적인 차이가 발생한다. 평소 받던 방향의 정반대로 꺾여 들어가기 때문에 왼손잡이 공에 익숙하지 않은 선수들은 리턴에 애를 먹는다. 이 차이는 동호인 수준에서는 더욱 두드러진다. 별로 속도가 빠르지 않고 밋밋해 보이는 서브인데도 막상 받으려고 하다 보면 공이 바닥에 튄 뒤 정반대 방향으로 향해 타점을 못 잡고 허둥대기 마련이다. 그런데 이 왼손잡이 서브의 까다로움은 테니스의 독특한 스코어 방식과 결합되면서, 어마어마한 '어드밴티지'로 증폭되는데, 사실 이 점이 바로 왼손잡이 우위론의 핵심 논지다. 가장 중요한 승부처에서 왼손잡이가 근본적으로 유리한 점이 있다는 것이다.

# 왼손잡이가 테니스에서 유리한 진짜 이유

2007년 프랑스 오픈 남자 단식 결승전. 세계 1위 로저 페더러는 1세트 초반 지난해 챔피언 라파엘 나달을 사정없이 몰아붙였다. 그동안 2년 연속 나달에게 덜미를 잡혀 올해야말로 꼭 이기겠다는 열망으로 준비를 단단히 하고 나왔다. 나달의 서브를 위협해 브레이크 포인트를 17차례 잡았다. 그런데 17번의 브레이크 찬스에서 페더러가 득점한 점수는? 단 1점이었다. 1점! 테니스 사상 가장 뛰어난 선수로 꼽히는 페더러가 왜 그 경기에서 결정적 포인트마다 점수를 따내지 못했을까.

이유는 브레이크 포인트에 몰렸을 때마다 나달의 왼손잡이 서브의 위력이 배가됐기 때문이다. 30-40과 같은 브레이크 포인트 상황에서 나달은 코트 왼편에서 상대 오른쪽 서브 박스로 넣는 어드밴티지 코트(이하 ad 코트)에 위치하게 된다. 이 위치에서 나달의 왼손 슬라이스 서브는 페더러의 백핸드 코트 바깥쪽으로 엄청난 궤적을 그리며 빠져 나간다. 페더러는 번번이 나달의 이 각도 깊은 슬라이스 서브에 제대로 대응하지 못해, 결국 그 많던 브레이크 포인트 찬스를 놓치고 1세트를 허무하게 6-3으로 내주고 말았다. 그 뒤 승부는 더 볼 것도 없었다.

테니스는 누가 더 많은 포인트를 획득하는 싸움이라기보다, 누가 더 중요한 포인트를 가져가느냐가 관건이다. 그런데 그 중요한 포인트들 대부분이 ad 코트에 걸려 있다. 초접전 양상을 펼치는 두 선수가 대결할 때는 보통 30-40, 혹은 듀스 뒤 어드밴티지 상황이 빈번하게 발생하는데, 왼손잡이는 그때마다 서브를 넣기 보다 용이한 위치에 설 수 있는 것이다. 말 그대로 "어드밴티지! 레프티"이다.

## ADVANTAGE! LEFTY

이러한 근본적인 이점을 바탕으로 테니스는 숱한 왼손 천재들을 배출해왔다. 메이저 대회 역대 최다 우승자 10걸 가운데 40%가 왼손잡이다. 라파엘 나달을 필두로 로드 레이버, 지미 코너스, 존 매켄로가 왼손잡이다. 여자 테니스 역시 마르티나 나브라틸로바와 모니카 셀레스라는 걸출한 왼손잡이 거장들이 있다. 또한 남자 복식에서 역대 최다 메이저 우승을 차지한 1~4위 팀은 모두 예외 없이 한명 이상의 왼손잡이를 파트너로 보유하고 있다.

오른손잡이를 영어로 righty라고 한다. 절대 다수를 형성한 오른손을 두고 '옳다'라는 뜻까지 포함시켰다. 왼쪽을 뜻하는 left의 어원은 lyft(쓸모없는)라고 한다. 편견의 소산이다. 우리나라도 한때 오른손을 두고 '바른손'이란 용어가 널리 쓰였을 정도로 편견에서 자유롭지 못했다. 하지만 테니스는 다르다. 사회에서 왼손잡이였기 때문에 겪을 수 있는 수많은 불리함과 편견들은, 녹색 코트 위에서 정반대의 이점으로 바뀌면서 왼손잡이가 우대받는 세상이 된다.

**테니스는 왜 0을 러브라고 할까?**

*COLUMN*

테니스를 이제 막 시작하는 '테린이'들이 빼놓지 않고 던지는 질문이 한 가지 있다.

## 왜 테니스는 0을 제로라고 하지 않고 러브라고 하나요?

숫자 0을 러브$^{love}$라고 읽는 테니스의 독특한 수수께끼를 푸는 데부터 이 종목의 역사를 이해하는 출발점이 된다. 이제는 많은 이들에게 널리 알려진 사실 가운데 하나이지만, 러브라는 말은 프랑스어의 뢰프$^{leuf}$에서 비롯되었다는 것이 정설이다. 뢰프는 프랑스어로 달걀을 뜻하는데, 0이라는 숫자의 형태가 바로 이 달걀 모양과 닮아서 먼 옛날 처음 테니스를 즐긴 프랑스 귀족들이 붙인 용어라는 설명이다.

소수 의견이긴 하지만 다른 가설도 존재한다. 영국 관용구로 'Not for love, not for money ─ 사랑도 돈도 아닌, 즉 결코 아니란 뜻의 관용어'에서 비롯된 용어라는 견해. 그러니까 여기서 러브는 세속적 물질적 의미가 전혀 없는 '제로 상태'임을 뜻한다는 해석이다. 러브의 기원에 대해 고개를 끄덕였다면 조금 더 들어가, 도대체 괴이하기 짝이 없는 테니스의 스코어 표기도 이해할 수 있다. 테니스는 먼저 1점을 올리면 피프틴(15), 두 포인트를 획득했을 때 서티(30), 그리고 3번째 득점에 도달하게 되면 포티(40)라고 한다. 그리고 가장 먼저 최종 넉 점에 이르면 그때 게임$^{game}$의 승자가 된다.

이건 또 왜 이렇게 불렀을까. 사실 숫자 그대로 말하자면 테니스는 한 게임에 4점만 내면 이기는 스포츠다. 그런데 이렇게 15점씩 또 때로는 10점 더해가기 때문에 기분상 뭔가 대단한 접전을 벌이고 장시간 플레이했다는 느낌이 들기도 한다. 또 어떤 관점에서 보면 단 4점만 따면 되는 간단한 게임 방식임에도 불구하고 마치 40점 이상 득점해야 하는 경기라는 착각에 빠지게 만드는 효과도 있다.

각설하고 왜 15점씩 더하게 됐나. 이 역시 테니스 역사학자들의 이론에 따르면, 뭔가 과학적이기도 하고 동시에 원시적이다. 결론인즉슨 해시계의 원리를 따른다는 것. 과거 분침으로 돌아가는 시계가 없었던 시절, 태양의 고도에 따른 그림자의 변화로 시각을 측정했던 중세 이전의 방식에 입각한 스코어 표기라는 설명이다. 즉 1시간인 60분을 4개의 쿼터$^{quarter}$로 나눌 수 있고, 맨 첫 번째 쿼터에 도달하는 것이 15분이라면 두 번째 쿼터는 30분. 그리고 45분에 이어 마지막 네 번째 쿼터는 60을 가리킬 수 있다는 것이다. 그래서 한 게임의 완결을 15-30-45-60으로 봤던 셈인데, 45는 훗날 편의상 40으로 정리가 됐다는 설명이다. 시계 가설 이론은 테니스 코트의 규격과도 연결 지점이 있다. 테니스 코트의 원초적인 형태가 바로 모래시계의 모습을 형상화했기 때문이다. 테니스 태동기에는 지금처럼 직사각형의 정확한 규격 대신, 모래시계처럼 가운데 허리가 들어간 모양으로 시작했다는 설인데, 이 역시 역사가들의 가설에 불과하긴 하다.

이렇게 역사와 기원이 불분명한 테니스이지만, 한 가지 사가들의 공통된 견해는 있다. 12세기 경 프랑스 북부 지방에서 테니스의 기원에 가까운 공놀이가 시작됐다는 것이다. 당시까지만 해도 물론 라켓 대신 손바닥을 사용한 놀이였고, 프랑스 국왕 루이 10세의 사랑을 받아 궁궐에 근대식 테니스 코트가 지어졌다. 16세기에 들어서야 라켓이란 도구를 동반한 진짜 테니스의 모습을 갖추기 시작했다. 따라서 테니스란 명칭 역시 프랑스 기원설이 유력하다. 프랑스어로 테네즈$^{tenez}$라는 말이 있는데 영어로 치면 '홀드$^{hold}$', '테이크$^{take}$' 등의 뜻이 담겨 있다. 당시 서브를 넣는 사람이 상대 리시버에게 던지는 일종의 신호였는데, 이것이 종목을 부르는 명칭으로 자리잡게 된 것이다.

그런데 여기서 궁금증이 생길 것이다. 스포츠 상식 백과사전을 보면 테니스의 종주국은 영국으로 되어 있는데? 이것은 절반은 맞고, 또 절반은 틀린 설명이라고 볼 수 있다. 왜냐면 테니스의 기원 자체는 프랑스라고 볼 수 있지만, 현대식 테니스, 즉 잔디에서 네트를 설치하고 공을 라켓으로 주고받는 '잔디 테니스lawn tennis'가 바로 1874년 영국에서 최초로 선보였기 때문이다. 군인 출신인 제임스 윙필드 소령은 1874년 잔디 테니스에 대한 각종 규정을 최초로 확립해 이를 전파했다. 이것이 바로 현대식 테니스의 진정한 출범이다. 그리고 얼마 후 테니스 역사에 가장 중대한 사건이 발생한다. 바로 윔블던 잔디 테니스 대회의 창설이었다.

영국 윔블던 지역에 한 테니스 모임이 있었다. 정확한 명칭은 올 잉글랜드 잔디 클럽All England Lawn Tennis Club. 1877년 이 클럽에 중대한 재정 문제가 닥쳤다. 잔디를 관리하는 당나귀 롤러 수리비용이 모자랐던 것이다. 이 클럽의 회원인 헨리 존스는 한 가지 번뜩이는 제안을 내놓는다. 바로 일반에 개방하는 잔디 테니스 대회를 열자는 것. 마침내 1877년 6월 9일 월요일, 챔피언십 대회가 개최되었고, 지금 모든 세상 사람들이 알고 있는 윔블던이 탄생하게 됐다. 2022년 현재 대부분의 지구촌 사람들이 즐기는 테니스의 각종 규칙과 규정은 19세기 말 윔블던에서 제정했던 원칙들에서 크게 벗어나지 않는다. 그만큼 당시 완성도 높은 규정이 만들어졌다는 것 하나, 그리고 또 테니스는 그만큼 전통을 중시하는 클래식한 스포츠의 진수라는 해석이 가능하다.

포인트Point —게임Game —세트Set —매치Match 로 이어지는 테니스 경기의 기본적인 점수 계산 시스템은 이때부터 확립됐다. 코트의 가로세로 규격과 네트의 높이도 약간의 변화는 있었지만 큰 틀에서 유지됐다. 큰 폭의 변화라고 부를 만한 자체가 1970년 기존의 무한 듀스 방식에서 타이 브레이크를 적용한 것이고, 2000년대 중반 첨단 기술의 발달을 앞세워 라인 판독 시스템 호크아이를 도입한 정도를 꼽을 수 있다.

테니스는 오늘날 수많은 지구촌 팬들의 사랑을 받는 최고의 스포츠 가운데 하나로 성장했다. 특히 코로나 팬데믹 이후 국내에서는 거리두기 시대에 적합한 생활체육의 대세로 자리매김하고 있다. 테니스와의 러브 어페어love affair는 이제부터가 진짜 시작일지도 모르겠다.

# The No.1

나달은 2001년, 무려 15세의 어린 나이로 프로 테니스 커리어를 시작했다.

게다가 16세도 채 되지 않은, 15세 10개월의 나이에 커리어 첫 승을 거두었고,

이후 모두가 아는 대로 승승장구하며 차곡차곡 승전보를 쌓아갔다.

19세 때 그랜드슬램 첫 우승을 달성했고, 24세에 커리어 그랜드슬램을 달성했다.

클레이 코트의 최강자로 손꼽히며 '흙신'으로 불리게 된 그는 이제

두려울 것이 없는 무적의 선수로 보였다.

무엇보다 나달 스스로 자신의 발전 가능성을 굳게 믿었다.

"

윔블던에서 우승 타이틀을 거머쥐다니
정말 믿을 수 없습니다. 아직도 꿈만 같습니다.
어릴 적 항상 여기서 경기하는 것을 꿈꿨습니다.
그런데 우승이라니 정말 놀랍지 않습니까?

"

# 01

# 윔블던의 클래식: 권좌에 오르다

국내 언론이 흔히 사용하는 '세대교체'의 영어식 표현으로 대표적인 것이 바로 'changing of the guard'이다.
직역하면 위병 교대식인데, 영국 버킹검 궁전에서 위병을 교체하는 순간을 일컫는다. 나달이 도전하고
페더러가 방어하는 끝없는 라이벌전은 이 윔블던의 대결투로 인해 새로운 국면으로 접어들었을 뿐 아니라,
향후 세계 테니스 역사를 바꾼 엄청난 사건으로 기록됐다.

## 턱밑까지 추격한 2인자

2007년에 접어들어 나달은 여전한 2인자였다. 황제 페더러는 한 해 메이저 대회를 3회 이상 우승하는 막강한 지배력을 유지하고 있었다. 26세의 페더러를 이미 많은 전문가들은 역대 최고의 선수라고 추켜세우고 있었다. 다만 여기에는 한 가지 전제가 따랐다. 아직 페더러가 유일하게 정복하지 못한 롤랑 가로스 정상 등극. 하지만 롤랑 가로스 산에는 정상 지킴이 나달이 철통같이 버티고 있었다. 2007년 프랑스 오픈을 앞두고 페더러-나달의 맞대결에 대한 관심은 어느 때보다 높았다. 2005년부터 두 번 연속 나달의 승리로 끝났지만, 이번만큼은 다를 것이란 기대감이 스멀스멀 올라와 있었다. 그도 그럴 것이 프랑스 오픈 직전에 열린 함부르크 마스터스 결승전에서 페더러가 나달에게 2-1 역전승을 거뒀는데, 이는 나달이 세운 클레이 코트 81연승 기록이 마감된 순간이기도 했다.

페더러를 지지하는 테니스 팬들은 열광했다. 드디어 페더러가 나달 파훼법을 깨우쳤다고. 마침내 롤랑 가로스 정상에 올라 4대 메이저 대회를 각각 한 번 이상 우승하는 '커리어 그랜드 슬램'을 달성할 수 있을 것이라고. 이 위업을 이룸으로써 페더러가 메이저 대회를 14회 우승한 피트 샘프러스를 넘어 역사상 최고의 선수로 공인받을 수 있을 것이라는 기대감이었다.

경기 초반 팬들의 기대감은 실현될 듯 보였다. 초반부터 페더러가 나달을 상대로 맹공을 펼쳐 잇달아 서브권을 빼앗아올 수 있는 브레이크 포인트를 잡았다. 페더러는 함부르크에서 선보인 필승 전략을 대폭 활용했다. 그동안 나달이 자신을 괴롭혀온 방법, 즉 왼손 포핸드를 감아쳐 자신의 백핸드 어깨 높이까지 보내는 공을 차단해버리는 작전이었다. 페더러가 찾은 해법은 백핸드로 그 공을 받지 않고 신속하게 왼쪽으로 움직여 포핸드로 돌아치는 것이었다. 사실상 모든 공을 포핸드로 소화하는, 극단적인 '공격 앞으로'를 외치는 전략이었다.

하지만 프랑스 오픈의 센터 코트인 필립 샤트리에서 나달은 아주 특별한 힘을 발휘할 수 있는 존재였다. 페더러의 포핸드 돌아치기 맹공을 끈질기게 버텨내며, 수많은 브레이크 포인트 위기를 벗어났다. 나달은 이 경기에서 총 17차례의 브레이크 포인트 위기에 몰렸지만, 그가 허용한 건 2세트 중반 단 1회였다. 나머지 16번의 브레이크 포인트를 놓친 페더러는 허무하게 롤랑 가로스 우승 도전을 마감할 수밖에 없었다. 적어도 페더러가 클레이 코트 메이저 대회에서 나달을 꺾기 위해서는 아직 가다듬어야 할 부분이 산처럼 쌓여 있다는 교훈만 남긴 대회였다.

## 높아지는 윔블던 대망론

나달의 페더러에 대한 주도권은 2007년 프랑스 오픈 이후 더욱 강해졌고, 이는 한 달 뒤 열리는 잔디 코트 최대 이벤트인 윔블던에도 영향을 미쳤다. 나달은 2006년 처음 윔블던 결승에 올라 페더러에게 1세트를 6-0으로 내주는 등 적수가 되지 못했지만, 2007년 두 번째 도전에서는 확 달라졌다. 페더러를 풀세트까지 몰아붙이면서 3-2(6-7, 6-4, 6-7, 6-2, 2-6), 간발의 차이로 우승컵을 놓쳤다. 프랑스 오픈과 윔블던 두 번의 결승전을 지켜본 한 테니스 전문가는 의미심장한 말을 남겼다.

**페더러가 프랑스 오픈에서 첫 우승을 하는 것보다, 나달이 윔블던에서 먼저 우승할 가능성이 높다.**

그러나 나달은 윔블던에서 페더러의 턱밑까지 추격한 상승세를 하반기에 이어가지 못했다. 윔블던 직후 클레이 코트에서 열린 슈투트가르트 오픈에서 우승했을 뿐, 더 이상의 트로피를 추가하지 못하고 2007년을 마감했다. 페더러와는 연말 왕중왕전이라고 할 수 있는 상하이 마스터스컵 준결승에서 대결했지만, 실내 하드 코트에서 워낙 강한 면모를 보이는 페더러를 감당하지 못하고 2-0(4-6, 1-6)으로 패했다.

2007년 하반기 나달이 주춤한 사이, 남자 테니스에는 또 다른 신흥 강호가 서서히 존재감을 드러내고 있었으니. 훗날 나달의 최대 라이벌로 성장하게 되는 노박 조코비치였다. 나달이 US 오픈 8강전에서 스페인 대표팀 동료 다비드 페레르에게 패한 반면, 조코비치는 그 페레르를 물리치고 결승에 올라 로저 페더러에 이어 준우승을 차지했다.

나달의 인생에서 가장 중요한, 운명의 2008년은 뚜렷한 상승세도 하강세도 아닌 혼돈의 시기에 찾아왔다. 나달은 2005년부터 2008년까지 네 시즌 연속 세계 랭킹 2위에 머물며, '역대 최장 기간 2위'라는 달갑지 않은 꼬리표를 달고 있었다. 정상에 대한 열망이 강한 나달이 받아들이기 어려운 성적표였다. 또 2008년은 4년에 한 번 열리는 지구촌 축제 하계 올림픽이 열리는 해이기도 했다.

2008년 스타트는 그다지 좋지 않았다. 첫 메이저 대회인 호주 오픈에서 최고 성적인 4강까지 올랐지만, 프랑스의 조 윌프리드 송가라는 복병에게 완패하며 자존심을 구겼다. 호주 오픈은 페더러와 나달이 양분하고 있던 남자 테니스에 마침내 대대적인 균열이 찾아온 대회이기도 했다. 지난해 '제3세력'으로 등장한 조코비치가 마침내 첫 메이저 우승 트로피를 들어올렸다.

심기일전한 나달은 3월 마스터스 시리즈 가운데 최대 규모로 열리는 인디언웰스 오픈에서 우승을 차지하며 다시 한 번 1인자를 향한 열망을 드러냈다. 이즈음 라이벌 페더러는 꽤 심각한 부진에 빠져 있었다. 호주 오픈 4강전에서 조코비치에게 3-0 완패를 당하더니 이어진 하드 코트 마스터스 시리즈에서 4강 문턱에도 연달아 오르지 못하고 탈락하는 침체를 겪었다. 페더러가 단핵성 증후군을 뜻하는 모노 바이러스에 걸렸다는 보도도 나왔다.

그러나 나달과 페더러, 남자 테니스를 대표하는 양대 스타는 4월 뜨거운 유럽의 햇살이 내려쬐는 클레이 시즌에서 대격돌을 피할 수 없는 운명이었다. 다만 서서히 상승 곡선을 그리고 있는 나달과 자신감이 떨어진 페더러의 상황은 대조적이었다.

막을 연 클레이 시즌에서 나달은 예년과 다름없이 승승장구했다. 몬테카를로와 함부르크 결승전에서 페더러를 만나 연이어 승리를 거두면서 프랑스 오픈 4연패를 앞두고 자신감을 크게 충전할 수 있었다.

## 더욱 강해진 2008시즌

2008년 프랑스 오픈은 나달의 전 커리어 통틀어 가장 뛰어난 경기력을
선보인 메이저 대회 가운데 하나였다. 22세를 맞은 나달의 테니스
완성도와 운동 능력은 최정점에 달해 있었다. 커리어 초반 약점으로
지적된 서브는 상당한 개선에 이르렀고, 원래 막강했던 포핸드의 완성도는
한계를 모르고 계속 좋아졌다. 특히 이 시기 나달의 수비 능력은 가히
전율스러웠다. 아무리 상대가 강력한 공격을 펼쳐도 끊임없이 받아넘기는
질식 수비를 반복했다. 4강에서 만난 신흥 강자 조코비치도 프랑스
오픈에서만큼은 적수가 되지 못했다. 1회전부터 준결승까지 단 한 세트도
내주지 않는 3-0의 행진을 이어간 나달은 결승에서 가장 익숙한 적수,
로저 페더러를 만났다.

잠시 관점을 페더러의 입장으로 돌리자면, 2008년 프랑스 오픈은 그의
화려하기 그지없는 커리어에서 최악의 순간이라 할 만하다. 결승전에서
나달에게 패한 것까지는 이해할 만했다. 하지만 마지막 세트를 6-0, 베이글
스코어(테니스에서 '0'의 모양이 베이글 빵을 닮아 부르는 속어로 한 게임도
내주지 않은 경기를 뜻함)로 내준 건 받아들이기 어려운 굴욕이었다.

페더러를 물리치고 프랑스 오픈 4연패를 달성한 나달은 1970년대 비외른
보리의 연속 우승 기록과 어깨를 나란히 했다. 프랑스 오픈에서 조코비치와
페더러라는 경쟁자들을 연이어 압도한 나달의 자신감은 하늘을 찌를 듯
했다. 1주일 뒤 열린 윔블던의 워밍업 대회인 퀸스 오픈 정상에 올랐는데,
이는 나달이 잔디 코트에서 쟁취한 첫 번째 우승컵이었다. 신흥 라이벌
조코비치를 결승에서 꺾어 더 의미 있는 승리였다.

함부르크 마스터스와 프랑스 오픈, 퀸스로 이어진 나달의 연승 행진은
17연승까지 이어지고 있었다. 그리고 대망의 윔블던이 개막했다. 지난해
페더러가 프랑스 오픈에서 커다란 기대를 받은 것처럼, 이번에는 나달에게
모든 스포트라이트가 쏟아졌다. 잔디 코트에서 가장 강한 페더러는 이미
윔블던 5연패를 달성했고, 1968년 오픈 시대 개막 이후 단일 대회 최다인
6연패에 도전했다. 하지만 페더러와 나달의 최근 전적과 흐름을 고려하면,
우승 후보 1순위는 오히려 나달이라는 견해가 전문가들 사이에서
조심스럽게 흘러나오고 있었다.

## 두 영웅, 윔블던 잔디에서 격돌하다

보통 3~4시간을 정신없이 뛰어다녀야 하는 테니스는 극도의 피지컬
능력을 요구한다. 하지만 그와 동시에 테니스는 골프와 마찬가지로
정신력, 즉 멘털이 승패를 크게 좌우하는 스포츠다. 상대를 이길 수
있다는 자신감이 차 있다면 더 좋은 플레이를 할 수 있고, 반대로 중요한
포인트에서 긴장하거나 자신감이 떨어진 상태에서는 평소의 기량을 다
발휘할 수 없다. 모든 스포츠가 다 그렇겠지만, 이런 면에서 특히 테니스는
고도의 심리전이다.

사람들은 저의 테니스를 잘못 알고 있습니다.
수비에 능해 코트 속도가 느린 게 유리하다고. 하지만 코트 속도가 빨라지는 것도 좋습니다.
왜냐하면 저의 스핀이 상대에게 더 큰 타격을 줘 보다 공격적인 테니스가 가능해지니까요.

저는 오늘 제가 가장 좋아하는 코트 표면에서,
가장 최악의 상대와 대결해야 했습니다.
나달을 보십시오.
그는 위대한 챔피언입니다.

ROGER FEDERER

2008년 윔블던 결승전은 테니스에서 이 심리전의 중요성이 얼마나 커다란 영향을 미치는지 알 수 있는 명승부였다. 나달을 상대하는 페더러는 어느덧 '트라우마'에 가까운 두려움을 느끼고 있었다. 거듭된 패배로 인한 자신감 상실은 경기력에 즉각적인 영향을 미쳤다. 1세트 초반 굴욕적인 백핸드 '헛스윙'을 노출하며 자신의 서브권을 나달에게 내주고 말았다. 반대로 나달의 스윙은 호쾌하기 그지없었다. 마치 클레이 코트에서 날아다니는 것처럼, 자신감 있는 포핸드와 백핸드를 채찍처럼 때려대며 잔디 코트의 황제를 몰아붙였다.

1, 2세트를 6-4, 6-4로 따낸 나달에게 생애 첫 윔블던 우승은 시간문제처럼 보였다. 하지만 여기서 승부의 신은 짓궂은 장난을 쳤다. 2세트를 마친 뒤 하늘에서 비가 쏟아지기 시작했다. 나달의 기세에 눌려 있던 페더러에게는 가뭄의 단비였다. 우천으로 잠시 중단된 틈을 타 페더러는 라커룸에 들어가 전열을 재정비했고, 다시금 과거 테니스 황제의 위용을 되찾아 나달에게 반격을 가했다. 3, 4세트는 페더러의 몫이었고 승부는 지난해에 이어 또 다시 5세트 피말리는 마지막 승부에 돌입했다. 이 과정에서 4세트 타이 브레이크를 치르며 두 선수가 보여준 기상천외한 테니스 기술들의 향연은 그 어떤 명승부와 견줘도 비교 불가한

경이로운 것이었다.

2008년 당시 윔블던은 마지막 세트에서 무한 듀스 게임을 반복하는 규정이 있었다. 즉 게임 스코어 6-6이 되어도 타이 브레이크를 적용하지 않았다. 팽팽한 승부는 7-7까지 이어졌고 먼저 서브권을 가진 페더러가 더 이상 견뎌내지 못하고 브레이크를 허용했다. 마지막 서브권을 지키기만 하면 대망의 윔블던 우승. 나달은 결국 해냈다.

윔블던 우승은 테니스 라켓을 잡은 이라면 누구나 꿈꾸는 궁극의 목표다. 나달은 우승을 확정한 뒤 가장 먼저 가족들이 앉아 있는 관중석으로 향했다. 어린 시절 마요르카에서 나달에게 예절과 매너를 유난히 강조한 아버지와 어머니는 눈가에 눈물을 글썽인 채 자랑스러운 아들을 맞았다. 엄격하기 그지없던, 때로는 가혹하게까지 느껴질 정도로 훈육을 담당한 테니스의 스승이자 삼촌인 토니 나달도 그 자리에 있었다. 걸음마를 갓 뗀 4살에 라켓을 잡고 챔피언의 꿈을 키워온 마요르카 섬의 촌놈은 마침내 꿈을 실현했다. 인류가 만든 최고의 테니스 축제, 윔블던 챔피언에 당당히 등극한 것이다. 이것이 의미하는 바는 간단했다. 만년 2인자 나달이 황제 페더러를 권좌에서 끌어내리고, 명실상부 1인자에 올라 나달 천하를 활짝 열어젖힌 것이다.

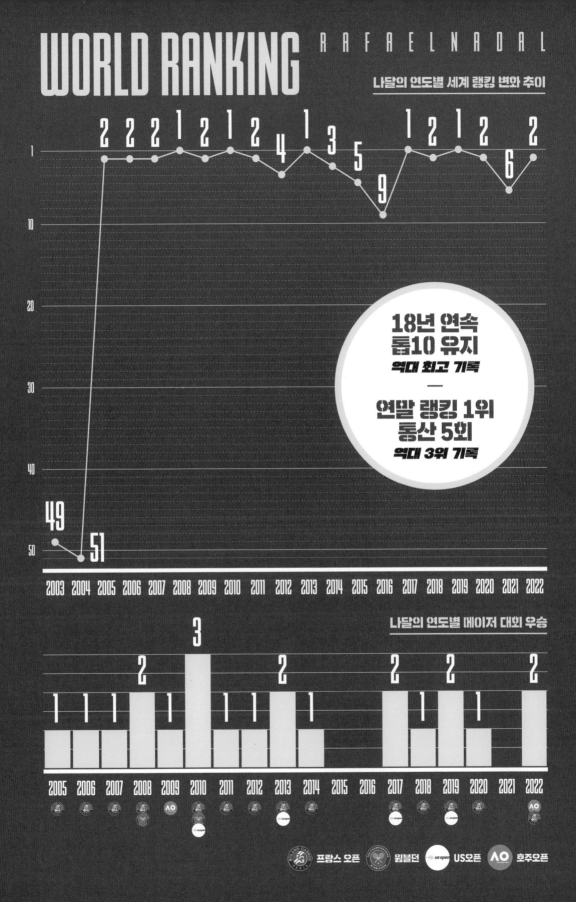

# 10
## BEST HISTORICAL MATCHES
### 테니스 역사상 최고 명승부 10선

## 1 2008년 윔블던 남자 단식 결승전 로저 페더러 vs 라파엘 나달

우천 지연을 제외한 순수 경기 시간만 4시간 48분 동안 윔블던 센터 코트를 가득 메운 관중들은 테니스 역사의 한복판에 있다는 벅찬 느낌을 지울 수 없었을 것이다. 당시 영국 BBC의 해설위원이었던 전설 존 매켄로는 "내 평생 이런 경기는 본 적이 없다. 의심할 바 없이 역사상 최고의 명승부"라는 찬사를 보냈다. 테니스를 다루는 거의 모든 매체에서 페더러와 나달이 겨룬 2008년 윔블던 파이널을 역대 최고의 경기로 꼽는다. 당대 최고의 선수인 페더러와 나달이 전성기 때 맞붙은 한 차원 높은 경기력, 두 차례나 우천에 의해 경기가 순연되는 드라마적 요소, 그리고 마지막 순간 해가 뉘엿뉘엿 지면서 공을 식별하기조차 어려울 때 거둔 극적인 승리, 이런 명승부적 요인들이 아우러진 한 편의 대서사시였다. 5세트 마지막 순간 페더러의 포핸드가 네트에 걸리고, 나달이 윔블던 잔디 코트 바닥에 큰 대자로 쓰러지며 포효한 장면은 현대 테니스를 상징하는 명장면으로 회자된다.

## 2 1980년 윔블던 남자 단식 결승전 비외른 보리 vs 존 매켄로

페더러와 나달의 명승부 이전까지 근 30년 동안 역대 최고의 명승부로 추앙받은 전설의 클래식. 다큐멘터리 필름은 물론 2017년 배우들이 연기한 상업 극영화로 개봉됐을 정도로 풍부한 스토리를 담고 있다. 보리와 매켄로라는 상반된 두 페르소나는 경기 스타일은 물론 내면의 심리 상태까지 정반대였으며, 그만큼 스펙터클한 전율을 선사했다. 5세트까지 팽팽히 진행된 이 승부에서, 백미는 역시 타이 브레이크 18-16의 기나긴 스코어를 기록한 채 마무리된 4세트였다. 타이 브레이크라는 국지전에서 승리를 거둔 매켄로가 마지막 5세트에서 기세를 잇지 못하고 끝내 패한 것은 오히려 이 명승부를 더욱 빛내주는 요소였고, '아이스맨'으로 불린 비외른 보리의 냉철한 승부사적 기질을 증명한 한판 승부였다. 보리는 이 역대급 대결에서 승리하면서, 윔블던 사상 첫 5연패의 금자탑을 쌓았다.

## 3 1926년 칸느의 대결 수잔 랑랑 vs 헬렌 윌스

1877년 윔블던 1회 대회 개최 이후 현대 테니스 사상 첫 '세기의 대결'이란 수식어는 놀랍게도 여자 단식에서 나왔다. 1926년 프랑스 칸의 테니스 클럽에서 열린 수잔 랑랑과 헬렌 윌스의 맞대결은 100년이 지난 지금까지 회자된다. 당시로는 기록적인 4천 명의 관중들이 모여 세기의 승부를 지켜봤는데, 테니스 사상 최초로 암표가 거래된 경기로 알려져 있다. 프랑스와 미국의 자존심 대결이었고, 이미 전 세계 최고의 여자 선수로 명성을 떨친 지 오래인 프랑스의 수잔 랑랑이, 21세에 US 챔피언십을 3차례 정복하고 올림픽 단복식 금메달까지 석권한 헬렌 윌스의 도전을 받은 경기였다. 결과는 랑랑의 근소한 승리로 끝이 났지만, 윌스는 랑랑을 패배 직전까지 몰아붙이며 앞으로 자신의 시대가 활짝 열릴 것임을 예고하기도 했다.

## 4 1973년 배틀 오브 섹스 빌리 진 킹 vs 보비 릭스

1973년 미국 휴스턴 애스트로돔에서 열린 빌리 진 킹과 보비 릭스의 '성대결'은 공식 매치는 아니었지만 어마 어마한 관심과 화제를 모은 경기였다. 55세의 남성 릭스는 남성 우월주의자였고, 테니스를 넘어 여성 인권 운동가인 빌리 진 킹은 29세의 전성기를 맞은 현역 테니스 스타. 결과는 모두의 예상을 깨고 젊은 여성의 승리로 끝났는데, 테니스가 스포츠에서 쇼비즈니스의 수준으로 전이된 역사적인 이 경기는 전 세계적으로 9천만 명이 시청한 초특급 이벤트였을 뿐 아니라, 테니스 역사상 가장 많은 관중(3만 472명)을 기록한 경기였다. 테니스에서 남녀평등의 가치가 확산하게 된 결정적 계기가 된 대사건이었다.

## 5 2012년 호주 오픈 남자 단식 결승전 노박 조코비치 vs 라파엘 나달

조코비치와 나달은 남자 테니스 역사상 가장 많은 맞대결(59회)을 기록한 희대의 라이벌이지만, 2012년 호주 멜버른에서 열린 이 경기만큼 치열한 전투는 없었다. 5시간 53분이라는 메이저 대회 결승전 사상 최장 시간이 소요된 경기였다. 시상식에서 두 선수 모두 서 있을 힘조차 없어 간이 의자에 앉아 있는 진풍경을 남겼다. 프로 테니스 선수의 체력과 정신력의 한계가 어디까지인가를 시험한 이 경기에서 결국 조코비치가 3-2로 나달을 마지막 순간 종이 한끝 차로 제치고 하드 코트의 제왕임을 확인했다.

## 2001년 US 오픈 남자 단식 8강전 피트 샘프러스 vs 안드레 애거시 6

테니스 명승부의 대부분이 결승전에 몰려 있지만, 8강전이 명승부 10걸에 오를 수 있다는 건 뭔가 특별함이 있다는 뜻이다. 1990년대를 주름잡은 양강 샘프러스와 애거시의 모든 것을 보여준, 총 34차례 맞대결 가운데 단연 으뜸가는 수준을 자랑한 승부다. 서브가 강한 샘프러스가 창, 리턴이 뛰어난 애거시를 방패라고 한다면 이 경기는 '창이 방패를 뚫을 수도 막을 수도 없는' 고사성어 모순矛盾이 성립한 보기 드문 경기였다. 4세트 만에 샘프러스가 결국 애거시를 물리쳤지만, 두 선수 모두 단 한 차례도 상대의 서브를 브레이크하지 못하는 팽팽한 타이 브레이크의 향연을 펼쳤다.

## 1992년 프랑스 오픈 여자 단식 결승전 모니카 셀레스 vs 슈테피 그라프 7

슈테피 그라프는 메이저 단식을 22차례 우승한 여자 테니스에서 가장 성공한 선수다. 다만 이 성공에는 한 가지 전제가 있었으니. 모니카 셀레스가 커리어 중반 괴한의 칼에 찔리는 사고만 당하지 않았다면 과연 그라프가 그만큼의 화려한 성공 시대를 열 수 있었을까? 그라프의 천적으로 불리는 셀레스는 특히 그라프가 가장 강한 프랑스 오픈에서 더 고민을 안겨 줬다. 1992년 프랑스 오픈 결승전은 그라프와 셀레스의 라이벌전 가운데서도 으뜸으로 꼽힐 만한 치열한 접전이었고, 결국 마지막 세트 타이 브레이크 접전 끝에 왼손잡이 셀레스의 승리로 막을 내렸다. 이듬해 괴한의 습격을 받은 셀레스의 마지막 롤랑 가로스 우승이었다.

## 1996년 ATP 파이널스 결승전 보리스 베커 vs 피트 샘프러스 8

1996년 11월 독일 하노버에서 열린 ATP 투어 파이널스 결승전은 흡사 헤비급 복서들의 대결 같았다. 샘프러스와 베커, 두 거인이 영화 〈록키〉의 테마 음악에 맞춰 성큼성큼 테니스 코트로 내려오는 장면부터 긴장감이 흘러넘쳤다. 당대 최고 서브 기술자들의 대결답게, 완벽에 가까운 서브 게임이 꼬리를 물었고 때때로 20회 이상 이어지는 화려하고 그림 같은 랠리도 1만 명 넘는 관중들의 눈길을 사로잡기 충분했다. 그랜드슬램이 아닌 ATP 투어 경기 가운데 최고로 꼽히는 베커와 샘프러스 대결의 승자는, 역시 당시 세계 1위로 전성기를 구가하고 있는 '피스톨' 피트 샘프러스였다.

## 1989년 프랑스 오픈 남자 단식 16강전 마이클 창 vs 이반 랜들 9

사실 엄밀히 경기의 수준만 놓고 본다면 명승부의 반열에 올리는 게 어색할 수도 있겠다. 하지만 키 173cm의 단신 마이클 창이 '골리앗'과 같은 세계 1위 이반 랜들을 맞아 선보인 투지와 용기는 150년 현대 테니스 역사에서 반드시 기억해야 할 추억이다. 특히 마이클 창이 5세트 중반 극한의 위기를 탈출하기 위해 감행한 '언더암 서브'는 테니스에서 약자가 강자를 맞아 어떻게 이변과 반란을 일으킬 수 있는지를 잘 보여준 사례였다. 거함 랜들을 격침한 창은 결승까지 승승장구, 17세의 나이로 최연소 프랑스 오픈 챔피언에 등극했다.

## 2022년 호주 오픈 남자 단식 결승전 라파엘 나달 vs 다닐 메드베데프 10

역전의 명수이자 명승부 제조기로 불리는 나달이지만 2022년 1월 그가 만들어낸 멜버른의 기적은 더없이 특별했다. 먼저 두 세트를 내줬고 3세트 들어서도 0-40의 서브 브레이크 절대 위기를 맞은 상황에서 나달이 보여준 집중력과 승부사의 면모는 그가 들어올린 22개의 메이저 트로피 가운데서도 첫 손으로 꼽기에 모자람이 없었다. 나달은 먼저 두 세트를 내주고 승부를 뒤집는 '리버스 스윕'의 진수를 보여주며 남자 테니스 역사상 처음으로 메이저 21승의 경지에 도달했다.

# 02

# 원숭이도 나무에서
# 떨어질 때가 있다

때로 역사는 사건의 발생 당시에는 중요성이 크지 않다가, 시간의 세례를 받은 뒤 훨씬 더 높은 가치를 인정받는 경우가 있다. 2009년 롤랑 가로스 나달과 로빈 소더링(스웨덴)의 16강전이 정확히 그렇다. 당시 소더링이 롤랑 가로스 31승 무패의 나달에게 거둔 이 승리는, 시간이 흐르면 흐를수록 재조명되는 '클래식'의 반열에 올려놓기에 모자람이 없다.

테니스는 단지
하나의 게임일 뿐입니다.
이길 수도, 질 수도 있습니다.
삶에는 테니스보다
훨씬 중요한 게 많습니다.

—

부모님의 이혼은
제 삶에 중대한 변화였습니다.
영향을 많이 끼쳤습니다.
결국 윔블던에 기권해야 했는데
견디기 힘들었습니다.
근 한 달 넘게 저는
세상과 단절됐습니다.

## 제갈량에게 사마의가 나타나다

역사적인 승부는 경기 그 자체는 물론 당시 상황과 맥락을 함께 읽어야 제대로 이해할 수 있다. 나달은 2009년 상반기 첫 번째 전성기를 누리고 있었다. 2008년 그 유명한 페더러와의 윔블던 클래식 승리에 이어 1월 호주 오픈에서 라이벌 로저 페더러를 또 다시 제압하고 하드코트 메이저 대회마저 정상에 올랐다. 이후 이어진 클레이 시즌에서도 몬테카를로-바르셀로나-로마 오픈을 차례로 휩쓰는 무소불위의 힘을 발휘하고 있었다.

다만 이런 승승장구 이면에는 '역사적인 이변'의 전조도 있었으니. 나달은 롤랑 가로스 직전 대회인 마드리드 마스터스 결승전에서 페더러에게 패해 상승세가 꺾였다. 그런데 페더러에게 패한 사실보다 더 주목해야 할 게 있다. 2009년 이 시기가 나달-조코비치 라이벌전의 진정한 출발점이었다는 점이다.

2009년 클레이 시즌 나달은 자신이 과거 한 번도 경험하지 못한 강력한 도전을 받는다. 2005~2008년 4년 동안 세계 1위 로저 페더러의 도전도 끄떡없이 물리친 나달이었지만, 더 강력한 도전자가 등장했다. 바로 21살의 조코비치였다. 조코비치는 2009년 나달과 몬테카를로-로마-마드리드 3대 마스터스 시리즈에서 모두 4강 혹은 결승에서 맞붙어 호각의 승부를 벌였다. 특히 마드리드 마스터스 4강전은 혹독하리만큼 치열했다. 마스터스 시리즈 3세트 경기에서 아직도 깨지지 않는 4시간 3분의 기록을 세우며 조코비치를 물리쳤는데, 바로 이 경기가 2009 시즌은 물론 프랑스 오픈의 역사까지 바꿔버리는 중대 전환점이 되어 버렸다.

체력이 바닥난 나달은 바로 다음날 이어진 페더러와 결승에서 무기력한 모습 끝에 2-0 완패를 당했다. 당시 테니스계 일각에서는 '나달 부상설'이 제기되고 있었다. 롤랑 가로스를 며칠 앞두고 한 여자 테니스 선수가 "이번 롤랑 가로스는 나달에게 무척 힘든 도전이 될 것이다"라는 예언을 날려 주목받았는데, 이때까지만 해도 나달을 가까이서 지켜본 선수들의 정확한 시각이 반영된 것이었다고는 생각하기 어려웠다.

조코비치는 훗날 나달이 페더러에게 그랬던 것처럼, 고비마다 커다란 성취를 가로막는 장애물로 등장한다. 천하통일을 눈앞에 둔 제갈공명에게 사마의라는 호적수가 등장한 것이라고 해야 할까. 2009년 초반 승승장구하던 나달은 조코비치라는 도전자의 등장에 타격이 적지 않았고 이는 이후 나달의 행보에 커다란 영향을 미쳤다. 요컨대 소더링과 나달의 2009년 16강전 격돌은 경기 전부터 심상치 않은 기운이 감돌고 있었다. 나달은 거듭된 조코비치와의 '클레이 전쟁'으로 피로감이 극에 달해 있었고, 16강 상대 소더링은 나달을 꼭 이기고 싶다는 전의에 불타고 있었다.

## 테니스 역사상 최대 이변

뚜껑을 열어보니 놀랄만한 결과가 벌어졌다. 1세트를 소더링이 6-2로 손쉽게 가져왔다. 소더링의 이날 경기를 지켜본 팬과 전문가들은 충격을 금치 못했다. 대부분의 반응은 이러했다.

**도대체 로빈 소더링이란 선수가 어디서 튀어나온 건가. 이렇게 잘 치는 선수였나. 그동안 뭐 했나**

이런 반응이 나올만큼 소더링의 테니스는 강력함과
놀라움 그 자체였다. 소더링의 테니스는 실제 클레이에서
나달에게 강세를 보일 만한 요소를 모두 갖추고 있었다.
첫째, 큰 키에서 나오는 빠르고 강력한 서브. 소더링은
이 경기에서 시속 200㎞가 넘는 플랫 서브를 수시로
터트렸다. 둘째, 소더링의 클레이 코트에 최적화된 포핸드
스트로크. 나달을 클레이에서 상대할 때 가장 큰
어려움은 높은 바운스에 있다. 톱스핀을 많이 거는 나달의
공은 거대한 포물선을 그리며 떨어진 뒤 클레이 코트
바닥에서 높게 치솟아 오르는데, 소더링은 이 하이 바운스
볼에 최적화된 선수였다.
클레이의 느린 공 속도는 소더링이 포핸드 와인드업
자세를 완벽히 갖출 수 있게 만들었고, 193cm의 큰 키에서
때려대는 포핸드 강타는 거의 스매시 수준으로 코트
구석에 꽂혔다. 제아무리 나달의 디펜스가 좋다 하더라도
이 같은 소더링의 무지막지한 포핸드 공격을 경기 내내
받아내기에는 한계가 있었다.
이 경기를 〈테니스 채널〉에서 해설한 마르티나
나브라틸로바는 "테니스 역사상 최대 이변"이라고

**기본적으로 페더러는 뭘 할지 예상하기 어렵고
경기 템포가 굉장히 빨랐지만, 나달은 적어도
코트 위에서 어떤 경기를 할 것인지에 대한
예측이 가능했습니다.**

묘사했다. 당시까지만 해도 이것이 과연 그 정도의
무게를 지닌 이변이었나 반신반의하는 사람도
있었다. 하지만 이후 10년이 넘게 흘렀고 지금은 많은
사람들이 당시 평가에 고개를 끄덕이고 있다. 왜일까?
아이러니하게도 이는 나달이 이후 프랑스 오픈에서
선보인 경이적인 행보 탓일 것이다. 2009년 패배
이후 나달은 13년간 딱 두 차례 더 패했다. 두 번 모두
상대는 조코비치. 2015년 노박 조코비치와의 8강전,
그리고 2021년 준결승전이었다.
2005년부터 2022년까지 17년간 나달은 단 세 번
패했고 112승 3패라는 97%의 경이적인 승률을

자랑하고 있다. 3패 가운데 특히 소더링에게 패한
2009년 16강전이 더 주목받는 이유는, 이때 나달의
프랑스 오픈에서의 아우라가 최고 절정에 올라 있었기
때문이다. 그 누구도 랭킹 25위의 소더링이 프랑스
오픈 4회 챔피언 나달을 꺾으리라는 예상을 하지
못했고, 그만큼 충격의 강도는 더 클 수밖에 없었다.
나아가 이 경기가 테니스 역사상 최고의 이변으로까지
받아들여지는 이유는 나달이 36세까지 사실상 롤랑
가로스에서 무적으로 군림하면서, 소더링이 올린 1승의
희소가치가 점점 더 올라갔기 때문일 것이다.

## 프로 데뷔 이후 첫 슬럼프

소더링의 이 기념비적인 승리는 이후 남자 테니스
판도에 큰 영향을 끼쳤다. 나달이 프랑스 오픈
16강에서 탈락하자 반사 이익을 본 건 페더러였다.
나달의 부재를 틈타 페더러가 결승에서 소더링을
물리치고 숙원인 커리어 그랜드슬램을 달성했고,
기세를 몰아 윔블던까지 우승하면서 피트 샘프러스의

메이저 최다 우승 기록을 경신했다.

나달은 반대로 가파른 내리막길을 걸었다. 무릎 부상이
밝혀져 윔블던 타이틀 방어에 나설 수조차 없었고, 회복한
뒤 US 오픈을 맞아 다시 돌아왔지만 그해 챔피언인
스무살 신성 델 포트로와 준결승에서 만나 3–0으로
완패했다.

2009년은 극과 극의 한 해였다. 첫 출발인 호주 오픈에서
빛나는 우승으로 어느 해보다 화려한 스타트를 끊었지만,
중반 이후 커리어의 첫 번째 슬럼프를 맛보고 말았다. 이
기간 아버지인 세바스챤과 어머니 페레라가 이혼했다는
소식이 전해진 건 의미심장하다. 가족의 관심과
사랑을 듬뿍 받아온 22살, 아직 어리다면 어린 나달이
받아들이기 어려운 시련이었을 수도 있기 때문이다.
하지만 나달에게 소더링전 패배는 결과적으로 약이
된 부분도 있었다. 무릎 부상에서 와신상담한 나달은
이듬해인 2010년 더욱 완성된 테니스로 무장해 돌아왔기
때문이다. 다시 돌아온 나달은 이때 비로소 진정한
전성기가 무엇인지를 느낄 수 있게 된다.

# 03

# 최연소 커리어
# 그랜드슬램을 달성하다

프레드 페리, 돈 버지, 로드 레이버, 로이 에머슨, 안드레 애거시, 로저 페더러, 노박 조코비치, 그리고 라파엘 나달. 테니스 최고 영광인 4대 메이저 대회를 한 차례 이상씩 모두 석권한 선수들이다. 150년 넘는 현대 테니스 역사에서 오직 8명에게만 허락된 영예. 이 가운데 가장 어린 나이에 영광을 맛본 주인공이 바로 라파엘 나달이었다.

## 그랜드슬램이란?

스포츠 문외한이라 하더라도 한번쯤은 들어봤을 것이다. 그랜드슬램Grand Slam. 미국 메이저리그 중계를 시청하다 보면 캐스터가 "그랜드슬램!"이라고 흥분하며 외칠 때가 있다. 타자가 시원한 만루 홈런을 때렸을 때다. 그러나 그랜드슬램이라는 용어가 가장 광범위하고 흔히 사용되는 분야는 역시 테니스일 것이다. 사전적 정의는 4대 메이저 대회를 모두 석권하는 바를 뜻한다.

사실 그랜드슬램은 서양의 카드놀이에서 유례한 말이다. 컨트랙트 브릿지Contract Bridge라는 카드 게임에서 총 52장의 카드 가운데 13장의 패를 전부 이겨 압승하는 점수를 그랜드슬램으로 불렀다. 카드 용어를 처음 스포츠로 가져온 종목이 테니스로 알려져 있다. 1930년대 「뉴욕 타임즈」의 칼럼니스트 존 키어런이 당시 호주의 테니스 선수 잭 크로포드가 호주 오픈, 프랑스 오픈, 윔블던을 우승한 직후 US 오픈에 도전했는데 "만일 크로포드가 US 오픈에서 우승한다면 마치 코트 위에서 그랜드슬램 스코어를 획득하는 것과 같을 것이다"고 표현한 데서 유래했다.

이후 골프에도 비슷한 의미로 4대 메이저 대회를 모두 석권하는 용어로 사용됐고, 야구에서는 한꺼번에 4점을 얻는 만루 홈런의 의미로 확대됐다. 그랜드슬램을 최초로 스포츠판으로 끌어들인 주역답게, 가장 이 용어를 자유자재로 활용한 것도 테니스다. 애초 4대 메이저 대회를 차례로 석권하는 뜻에서, 최근에는 개별 메이저 대회 자체를 그랜드슬램, 또는 슬램이라고 일컫는다. 그러니까 어떤 한 선수가 메이저 대회 챔피언에 올랐다는 말은 곧 '그랜드슬램 챔피언 등극'이라는 말과 동의어가 되었다.

## 테니스 선수들에게 있어 궁극의 꿈

내가 만약 국어사전의 편찬자이고, 테니스 그랜드슬램을 우리말로 의역한다면 한 글자면 충분하다고 생각한다. 그것은 바로 '꿈'이다. 4대 메이저 대회를 모두 우승하는 것, 아니 그전에 4개 가운데 그랜드슬램 하나라도 우승하는 것은 테니스 선수들이라면 누구나 꿈꾸는 지상 최대의 목표. 따라서 테니스 역사는 곧 그랜드슬램의 발자취라고도 볼 수 있다. 1년에 4차례 열리는 그랜드슬램

챔피언의 면면을 보면 치열했던 당대의 테니스 역사를
한눈에 읽을 수 있다. 1월에 가장 먼저 포문을 여는 호주
오픈, 5월 프랑스 파리의 뜨거운 햇살 아래 열리는 프랑스
오픈, 짓궂은 영국의 변덕스런 날씨 속에서도 테니스의
역사 그 자체라는 자부심의 윔블던, 마지막으로 뉴욕의
화려한 야경 속에 축제처럼 펼쳐지는 US 오픈까지. 4대
그랜드슬램 대회는 숱한 영웅과 명승부를 만들어내며 현대
스포츠의 가장 중요한 연간 이벤트로 자리매김했다.
2010년 9월의 뉴욕 플러싱 메도우에서 나달의 원대한
꿈은 영글어가고 있었다. 결승전 상대는 페더러를 4강에서
꺾고 올라온 노박 조코비치. 결코 만만치 않은 적수였지만
나달의 의욕은 넘쳐흘렀다. 시즌 마지막 메이저 대회인 US
오픈 정상에 오른다면 모든 테니스 선수들의 꿈이자 목표인
'커리어 그랜드 슬램'을 달성할 수 있었다.
나달은 이번 대회 들어 부쩍 강해진 서브로 조코비치를
압박해나갔다. 조코비치의 물샐틈없는 리턴이 부담스럽지만
그만큼 더 빠르고 강력한 속도의 서브를 넣는 데 집중했다.
첫 두 세트를 하나씩 나눠 가진 뒤 나달은 우월한 체력을
바탕으로 승기를 잡았다. 마침내 나달이 4세트에서 승부를

끝내자 US 오픈 중계 캐스터는 외쳤다.

**라파엘 나달이 24살, 역대 가장 어린 나이에 4대 메이저
대회를 모두 한 번씩 우승하는 커리어 그랜드슬램을
달성합니다!**

나달의 마지막 퍼즐이 풀리는 순간이기도 했다. 2003년
첫 US 오픈 도전 이후 7년의 기다림이었다. 2005년
롤랑 가로스, 2008년 윔블던, 2009년 호주 오픈에
이어 US 오픈까지. 이제 더 이상 나달은 '클레이 코트
스페셜리스트'가 아니었다. 클레이와 잔디, 하드에서 두루
잘하는 올라운드 플레이어로서 역사 속 테니스 레전드들과
어깨를 나란히 할 수 있게 됐다. 나달은 2010 US 오픈
우승으로 메이저 통산 9번째 트로피를 수집하며 당시
16회 우승의 기록 보유자인 페더러를 향한 추격의 고삐를
당겼다. 나달이 한 해 메이저 대회를 3번 우승한 것도
그때가 처음이자 마지막이었다. 나달은 프랑스 오픈-
윔블던-US 오픈으로 이어지는 3연타석 홈런을 날리며 연말
세계 랭킹 1위를 예약했다.

저는 완성된 선수라고 생각합니다.
모든 코트 표면에서 잘 할 수 있어요.
클레이가 가장 쉽다고 말할 수는 있겠지만,
그렇다고 저는 클레이 스페셜리스트는 아닙니다.
——

저의 서브는 확실히 향상되었습니다.
단지 폭탄처럼 강하게 내리꽂는 서브를
말하는 것은 아니고, 코스와 다양성, 속도,
그리고 회전이 좋아졌습니다.

# FASTESTSERVE
## 가장 빠른 테니스 서브 기록은 ?

**263**km/h — 샘 그로스

**257**km/h — 알바노 올리베에타

**253**km/h — 존 이스너

**252**km/h — 다비도비치 포키나

**251**km/h — 예르지 야노비치<br>이보 카를로비치

**249**km/h — 앤디 로딕<br>밀로스 라오니치

**233**km/h — 앤디 머리

**230**km/h — 로저 페더러

**220**km/h — 노박 조코비치

## 반전의 2010 시즌

사실 나달에게 2010년은 불확실의 순간이었다. 2009년 로빈 소더링에게 당한 충격패의 여파를 엄밀히 극복하지 못하고 있었다. 2009년 11월 8명의 톱랭커들이 겨루는 투어 파이널스 조별 라운드 로빈에서 단 1승도 건지지 못하고 무기력한 3연패로 탈락했다. 나달에게 패배를 안긴 3명은 노박 조코비치, 니콜라이 다비덴코, 그리고 로빈 소더링이었다.

겨울 크리스마스 휴가를 보낸 뒤 1월 호주 오픈에 출전했지만 여전히 결과는 실망스러웠다. 8강까지 오르긴 했지만 영국의 희망 앤디 머리에게 3-1로 패하며 쓸쓸히 짐을 쌌다. 디펜딩 챔피언이었기 때문에 랭킹 포인트를 한꺼번에 잃어버리는 뼈아픈 패배이기도 했다. 하지만 침체 속에서도 나달의 머릿속에는 딱 세 글자가 머리에 떠올랐으니, 그것은 바로 클.레.이.였다.

나달은 클레이 시즌의 서막을 여는 몬테카를로 마스터스 결승전에서 스페인 동료 베르다스코를 제압하고 우승을 차지했다. 무엇보다 과정이 깔끔했다. 단 한 세트도 내주지 않고 과거 클레이의 제왕다운 면모를 완벽히 회복했다. 지난해 5월 프랑스 오픈 이후 근 1년 가까이 한 번도 시원스런 경기력을 보여주지 못했지만 역시 나달은 흙 위에서 편안함을 되찾을 수 있었다.

이후 나달의 행보는 눈부셨다. 완연한 흙신의 모습 그대로였다. 아니 그 이상이었다. 2010년 나달은 몬테카를로-바르셀로나-로마-마드리드-파리로 이어지는 클레이 시즌 투어 대회를 전부 석권했는데, 36세까지 이어진 그의 기나긴 커리어에서도 단 한 번밖에 없었던 '클레이 슬램'이었다. 파리에서 열린 롤랑 가로스 결승전에서 나달은 소더링에게 작년의 아픔을 설욕하며 공식적으로 클레이 황제의 권좌를 되찾았다.

이뿐만 아니라 나달은 윔블던 챔피언 자리에도 다시 올랐다. 페더러, 조코비치 등 강력한 라이벌들이 중도 탈락하면서 찾아온 기회를 놓치지 않았다. 결승에서 토마스 베르디흐의 강서브를 흔들림 없는 리턴으로 걸어 올리며 2008년에 이어 2년 만에 타이틀을 획득했다.

윔블던을 끝으로 잔디 시즌이 마무리된 뒤 남은 과제는 북미 하드 코트 시즌의 하이라이트, US 오픈이었다. 다만 이 시기 나달의 컨디션은 100%는 아니었다. US 오픈을 앞두고 열리는 마스터스 시리즈에서 두 번 연속 4강 문턱을 넘지 못하고 탈락했다. 하지만 나달은 크게 개의치 않았다.

오히려 마지막 메이저 대회인 US 오픈을 앞두고 '비장의 무기'를 연마하고 있었다.

## 커리어 그랜드슬램을 위한 비밀 병기

그것은 나달의 최대 약점으로 꼽히는 서브였다. 세계 랭킹 1위에 오른 역대 선수들의 면면을 보면 거의 강서브의 소유자였는데 나달은 예외인 편에 속했다. 나달이 구사하는 첫 서브의 평균 속도는 대략 190㎞를 넘지 못했다. 200㎞를 넘나드는 강서버들이 즐비했지만 나달은 속도보다는 정교한 코스, 그리고 왼손잡이 특유의 회전이 걸리는 스핀 서브를 내세워 자신의 서브 게임을 지켜나가는 편이었다.

그런데 나달은 2010 US 오픈을 앞두고 서브 속도를 10㎞ 이상 높이는 과감한 실험을 강행했다. 시즌 도중에 서브의 속도를 높이는 건 사실상 도박에 가까운 일이다. 섣불리 변화를 줬다가 본전도 못 찾을 수 있기 때문. 이를 나달은 각고의 노력 끝에 달성할 수 있었다. US 오픈에서 나달은 새롭게 장착한 더 빠른 서브를 내세워 차례로 강적들을 제압하고 결승에 올라, 조코비치를 물리치고 정상에 설 수 있었다. 시속 210㎞를 넘는 나달의 강서브는 오직 이 대회에서만 볼 수 있었으며, 이후 나달은 결코 자신의 서브를 이 정도 수준까지 끌어올리지 못했다.

2010년은 명실상부 나달의 해였다. 숙적 페더러는 호주 오픈 우승 1회에 그쳤고, 아직 조코비치는 나달을 위협할만한 수준으로 성장하지 못하고 있었다. 나달은 시즌 후반부에 곧잘 부상과 피로를 이유로 좋은 성적을 거두지 못했다. 그러나 2010년의 나달이라면 4대 메이저 대회 바로 아래 단계의 영광스런 트로피를 노려볼 만했다. 바로 톱랭킹 8명의 선수들만 모여 그들 가운데 최고를 가리는 시즌 왕중왕전, ATP 월드투어 파이널스 타이틀이다.

## 나달 커리어의 최고 황금기

나달은 영국 런던 O2아레나에서 열린 투어 파이널스에서 처음 결승에 진출했다. 라운드 로빈에서 앤디 로딕과 조코비치, 베르디흐를 차례로 물리친 뒤 4강에서도 영국 홈팬들의 뜨거운 응원을 받은 앤디

GRAN
8
MAN

FRED PERRY 프레드 페리
DON BUDGE 돈 버지
ROD LAVER 로드 레이버
ROY EMERSON 로이 에머슨
ANDRE AGASSI 안드레 애거시
ROGER FEDERER 로저 페더러
RAFAEL NADL 라파엘 나달
NOVAK DJOKOVIC 노박 조코비치

제 목표는 경기력을 향상시키고
건강하고 경쟁력을 유지하는 것입니다.
그렇게 하면 토너먼트 대회에서 승리할 수 있고,
따라서 가장 중요한 일입니다.

머리를 3시간 12분의 접전 끝에 물리쳤다. 마지막 매치
포인트에서 나달의 전매특허인 인사이드-아웃 포핸드가
작렬하면서 사상 첫 결승 진출을 자축했다.
그러나 결승에서는 로저 페더러가 기다리고 있었다.
나달에게 내준 2010시즌의 영광을 다시 찾기 위해
승부욕에 불타오르고 있었고, 실제로 페더러는 시즌
전체에 걸쳐 최고의 컨디션을 이 대회에서 발휘하고
있었다. 나달은 하루 전 앤디 머리와 3시간 넘는 접전을
펼친 탓인지 컨디션이 최상은 아니었다. 결국 3세트까지
가는 접전은 가능했지만 페더러의 벽을 넘지 못하고
준우승에 만족해야 했다. 여전히 실내 하드 코트에서는
빠른 서브와 공격적인 포핸드를 갖고 있는 페더러가
조금 더 나은 경기력을 보이고 있었다.
2010년이 나달의 역대 최고 시즌일까? 메이저 대회
트로피를 한 해 3개나 가져간 유일한 시즌이니 그렇다고
말할 수도 있다. 하지만 나달의 총 타이틀 개수는
7개에 그쳤고 전적도 71승 10패로 승률이 아주 높은
편은 아니었다. 오히려 그보다 메이저 우승 횟수는
떨어지지만 10개의 타이틀과 75승 7패의 높은 승률을
보인 2013시즌이 더 훌륭하다는 견해도 있다. 나달은
2010년 통산 두 번째 연말 랭킹 1위를 확정 지었고,
이듬해 2월에는 전 세계 최고의 스포츠 스타에게
수여하는 라우레우스 어워드를 수상하며, 명실상부
페더러의 뒤를 이은 '테니스 황제'로 자리매김했다.
최연소 그랜드슬램 달성이라는 수식어에서 볼 수 있듯
나달은 이제 24살로, 전성기가 한참 남아있어 장기
집권도 가능해 보였다. 라이벌 페더러는 서서히 서른
줄에 접어들 것이고, 그렇게 된다면 나달 천하는 계속될
수 있을 것이라는 분홍빛 전망이 앞 다투어 나왔다.
하지만 테니스의 여신은 나달에게 탄탄대로를 안겨줄
마음이 없었다. 나달에게 시련은 숙명이었다. 사상
최고의 시즌을 보낸 그에게는 과거보다 난이도 높은
거대한 도전이 다가오고 있었다.

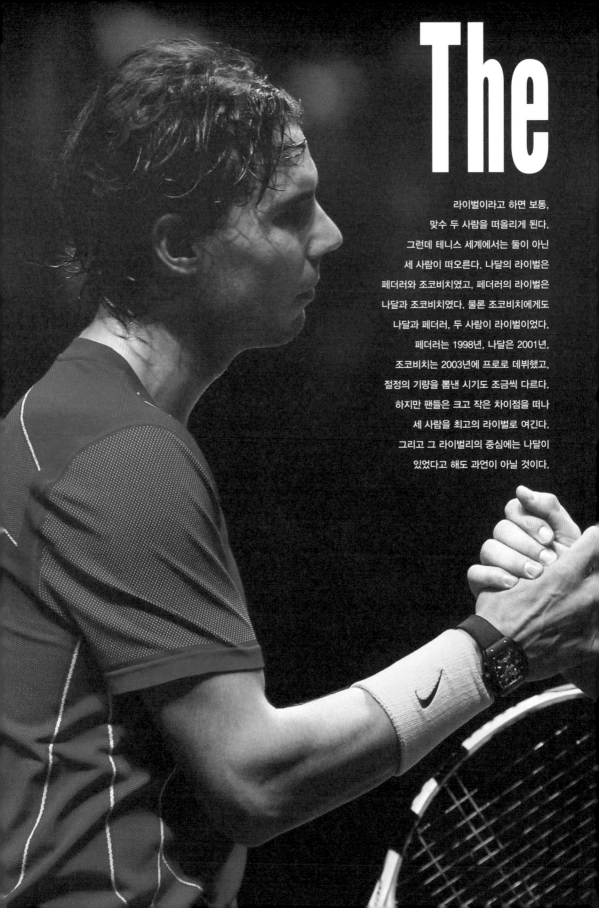

# The

라이벌이라고 하면 보통,
맞수 두 사람을 떠올리게 된다.
그런데 테니스 세계에서는 둘이 아닌
세 사람이 떠오른다. 나달의 라이벌은
페더러와 조코비치였고, 페더러의 라이벌은
나달과 조코비치였다. 물론 조코비치에게도
나달과 페더러, 두 사람이 라이벌이었다.
페더러는 1998년, 나달은 2001년,
조코비치는 2003년에 프로로 데뷔했고,
절정의 기량을 뽐낸 시기도 조금씩 다르다.
하지만 팬들은 크고 작은 차이점을 떠나
세 사람을 최고의 라이벌로 여긴다.
그리고 그 라이벌리의 중심에는 나달이
있었다고 해도 과언이 아닐 것이다.

# Rivalry

"

나는 라파를 세계 그 어떤 선수들보다 존경합니다.
내 인생에 가장 큰 라이벌이죠.
그가 이룬 모든 업적과 테니스를 향한 헌신,
그리고 뛰어난 테니스 실력과 부단한 연습 등은
경탄의 대상이 되기에 충분합니다.

"

노박 조코비치

제갈량에게 사마의, 카르타고의 한니발에게는 로마
명장 스키피오가 있었다. 세르비아의 조코비치는
나달의 테니스 인생에서 가장 큰 시련을 던져준
인물이다. 나달의 최대 라이벌로 흔히 로저
페더러가 꼽히지만 적어도 나달은 페더러에게
패배보다는 승리를 훨씬 더 많이 맛봤다. 하지만
무적의 라파에게도 단 한 명의 적수만큼은 풀지
못한 숙제가 있었으니 그게 바로 조코비치였다.

## 동유럽의 이방인

앞서 말했듯 테니스의 기원에 대해서는 여러 가지 설이
난무하지만 대체적으로 영국과 프랑스의 왕실 귀족들이
레저 활동으로 즐긴 스포츠에서 출발한 걸로 알려져 있다.
테니스는 서유럽의 전유물에 가까웠고 따라서 동유럽권
선수들이 남녀 테니스 무대에서 득세하기까지는 패나
오랜 시간이 걸려야 했다. 물론 1970년대부터 마르티나
나브라틸로바와 이반 랜들이라는 구 체코슬로바키아 출신
선수들이 두각을 나타내긴 했지만, 이들은 아주 예외적인
경우였다. 더구나 동유럽 가운데 1990년대 후반까지 잦은
내전에 시달린 세르비아라는 작은 공화국에서 훗날 세계
테니스를 주름잡은 천재 선수가 나타나리라고 예상하기는
쉽지 않았다.

노박 조코비치는 아마도 세르비아가 낳은 역사상 최고의
유명 인사라고 해도 과언이 아닐 것이다. 조코비치는 이
책의 주인공 나달과 비슷하면서도 다른 성장 과정을 거쳐
세계 최고의 선수로 우뚝 섰다. 1987년생으로 나달보다 한
살 어렸지만 그 못지않은 천재적인 재능을 타고 났다.

나달보다 2년 늦은 2003년에 프로로 전향해 본격적으로
처음 두각을 나타낸 건 2006년이었다. 나달은 이미 그보다
빠른 2005년 클레이 코트 대회를 석권하며 세계 랭킹
2위까지 올라섰지만, 나달이 너무 비정상적인 페이스로
급속히 올라선 경우였고 조코비치 역시 19세 즈음부터
돌풍의 핵으로 떠올랐다.

아이러니하게도 조코비치가 세계적 주목을 처음 받은 건,
훗날 숙명의 라이벌 구도를 형성하게 될 '흙신' 나달과의
롤랑 가로스 대결부터였다. 2006년 프랑스 오픈에서
19세 조코비치는 자신의 메이저 대회 출전 사상 최고인
8강까지 올라섰다. 디펜딩 챔피언 나달을 맞아 비록 3세트
도중 기권하기는 했지만 1, 2세트를 비교적 팽팽한 6-4로
맞서며 "저 친구는 도대체 누구야?"라는 물음을 낳게 했다.
조코비치는 얼마 가지 않아 세계 최고 톱3 가운데 한
명으로 성장했다. 이듬해 3월 마이애미 마스터스 8강전에서
이번에는 나달에게 첫 패배를 안긴 뒤 마스터스 우승
트로피를 처음 들어올렸다. US 오픈에서는 결승에 올라
로저 페더러에 이어 준우승을 차지하며 페더러와 나달로

양분된 남자 테니스계에 '제3세력'의 등장을 알렸고,
2008년 호주 오픈에서는 만 20세의 나이에 우승을
차지했다. 나달의 첫 메이저 우승보다 불과 한 살 어리고,
페더러보다는 두 살 빠른 페이스였다.
그래도 조코비치가 넘버3의 굴레를 벗어나기에는 상당한
시간이 필요했다. 계속해서 '양강' 페더러-나달의 벽을
넘지 못하고 3년이 넘는 시간을 흘려보냈다. 그러던
조코비치의 인생에 커다란 전환점이 찾아왔다. 새로운
식이 요법을 적용하는 결단을 내린 것이다. 조코비치는
2010년 프랑스 오픈 16강 조기 탈락 후 충격에 빠졌고,
이고르 세토예비치라는 의사를 만나 상담을 하던 중 중요한

**오늘 조코비치처럼 테니스를 잘 치는 선수를
제 인생에서 본 적이 없습니다. 다만 이 정도 레벨이
끝까지 지속할 수 있을지는 지켜봐야 합니다.**

정보를 얻었다. 조코비치의 체질상 글루텐이 들어간 음식을
먹으면 알레르기 반응을 일으켜 몸에 좋지 않다는 진단을
받은 것이다. 그래서 조코비치는 '글루텐-프리 다이어트'를
시작했고 고질적인 문제로 제기되었던 체력이 몰라보게
좋아졌다.

## 끊지 못하는 연패의 사슬

2011년 호주 오픈에서 조코비치는 기적의 다이어트
효과를 몸으로 구현했다. 4강에서 페더러를, 결승전에서는
동갑내기 영국 라이벌 앤디 머리를 모두 3-0으로 완파하고
두 번째 메이저 우승을 차지한 것이다. 이 대회에서 나달은
8강 다비드 페레르와의 경기에서 부상을 호소해 기권했다.
2010년 세계 1위에 올라서며 천하를 호령했던 것도 잠시,
권좌를 자신보다 불과 한 살 어린 신흥 세력에게 내주고 만
것이었다.
이때까지만 해도 나달이 조코비치에 대한 자신감을 잃을
이유는 없었다. 2011년 전까지 나달은 조코비치와 상대

전적에서 절대 우위를 점하고 있었으니까. 전적 16승
7패, 특히 그랜드슬램에서는 단 한 차례도 패하지 않았다.
조코비치의 호주 오픈 우승도 나달의 조기 탈락을 틈탄
반란으로 해석될 여지가 있었다. 하지만 이후 전개된
시나리오는 나달에게 악몽 그 자체였다.

2011년 3월 부상에서 회복한 나달은 인디언웰스
마스터스에서 결승까지 무난하게 올라갔다. 4강에서
난적으로 여겨진 후안 마르틴 델 포트로를 2-0(6-4,
6-4)으로 가볍게 물리쳐 결승전 전망을 밝혔다. 마지막
관문은 조코비치였다. 4강에서 로저 페더러를 2-1로 꺾고
올라온 기세가 예사롭지 않았다.

나달이 먼저 1세트를 선취하면서 승리가 예상됐다. 하지만
조코비치는 예전의 그가 아니었다. 경기 후반부로 갈수록
체력이 용솟음치더니 결국 나달에게 역전승을 거두며
정상에 올랐다. 1주일 뒤 마이애미에서 열린 마스터스
시리즈 결승전도 흡사한 시나리오였다. 결승전에서 3세트
접전 끝에 조코비치가 2-1로 이겼다. 주목해야 할 건 늘
체력에서 밀리던 조코비치가 2011년 이후 두 번의 대결
모두 뒷심을 발휘해 역전승했다는 점이었다.

나달은 패배의 아픔을 일단 뒤로 한 채 클레이 시즌을
맞았다. 나달은 흙신이다. 적어도 클레이 시즌에 돌입하면
조코비치의 상승세를 잠재울 것이라고 모두가 예상했다.
조코비치의 연승 행진도 여기서 끝날 것이 확실시됐다.
그러나 뚜껑을 연 클레이 시즌도 충격의 연속이었다.
마드리드와 로마 마스터스에서 연속으로 결승에서 만나
나달이 조코비치에게 패한 것이다. 앞선 두 차례 하드
코트에서의 패배와는 차원이 다른 결과였다. 조코비치는
2006년 이후 나달을 상대로 단 한 번도 클레이에서 이기지
못했는데, 2011년 글루텐-프리 다이어트에 성공한 그는
클레이에서조차 나달을 이길 수 있는 슈퍼맨이 되어 나타난
것이었다.

2011년 프랑스 오픈은 최근 10년간 그 어떤 대회보다
커다란 관심 속에서 개봉했다. 나달의 프랑스 오픈 무적
행진을 이변이 아닌 실력으로 저지할 수 있는 가장
따끔따끔하고 압도적인 선수가 도전장을 던질 것이기
때문이었다. 페더러가 2005년부터 4년 연속 흙신에게
도전했지만 모두 무위로 끝났고, 이제는 조코비치라는
무결점의 선수가 타이틀 도전자로 사각의 링에 올라선
국면이었다. 그러나 나달에게 다행이라고 해야 할까.
조코비치의 경이적인 연승 행진이 프랑스 오픈 결승전을 단

조코비치는 내가 본 가장 완벽한 테니스 선수입니다.

— 토드 우드브리지

한 경기 남겨두고 끊겼다. 4강에서 관록의 로저 페더러와
대결해 3-1로 패한 것이다. 나달은 결승에서 자신에게 최근
4연속 패배를 안겨준 조코비치 대신 페더러를 상대로 3-1
승리를 거두고 6번째 프랑스 오픈 트로피를 들어 올렸다.
개운치만은 않은 우승이었다. 여전히 조코비치를 꺾을 수
있다는 확신을 갖지 못했으니까.

이 같은 우려는 윔블던 결승전에서 현실로 나타났다. 다시
한 번 결승에서 격돌한 나달과 조코비치의 승부는 이번에도
한 살 어린 동생의 우위로 끝났다. 1세트를 선취했지만
나머지 경기에서 조코비치의 컴퓨터 게임 같은 무결점
테니스에 이렇다 할 해법을 찾지 못한 채 고개를 숙였다.

# WINING STREAK
## 테니스 역사상 최다 연승 기록

| | |
|---|---|
| 마르티나 나브라틸로바 *1984-1986* | **74** |
| 슈테피 그라프 *1989-1990* | **66** |
| 마거릿 코트 *1972-1973* | **57** |
| 크리스 에버트 *1974* | **55** |
| 기예르모 빌라스 *1977* | **46** |
| 노박 조코비치 *2011* | **43** |
| 존 매켄로 *1984* | **42** |
| 로저 페더러 *2005-2006* | **41** |
| 라파엘 나달 *2008* | **32** |

시즌 마지막 메이저 대회인 US 오픈도 같은 결과였다. 앞서 조코비치는 4강에서 로저 페더러에게 매치 포인트까지 잡혔지만 기적적으로 역전에 성공해 체력마저 여의치 않을 것으로 보였는데, 나달과의 결승전에서 자신감 넘치는 스트로크를 연발하며 9.11 테러 10년을 기리며 열린 US 오픈에서 자신의 5번째 메이저 트로피와 입맞췄다. 2011년 나달과 조코비치의 전적은 0승 6패. 더욱 받아들이기 어려운 건 모두 결승전에서 졌다는 사실이었다. 페더러에게 나달이 천적이었듯, 이제는 나달에게 조코비치라는 천적이 나타났다고 해도 과언이 아니었다.

## 조코비치가 나달의 천적인 이유

2011년 나달은 왜 조코비치를 만나면 작아졌을까? 천적 관계는 이들의 상성을 분석하면 뚜렷해진다. 일대일 스포츠인 테니스에서 천적의 개념은 간단하다. 상대가 싫어하는 플레이를 잘 하면 천적이 된다. 조코비치는 나달의 강점은 상쇄하고 약점을 드러내는 테니스에 최적화된 선수였다.

역시 가장 두드러진 기술적 요인은 백핸드였다. 왼손잡이 나달의 최대 강점은 회전이 많이 실린 톱스핀 포핸드다. 대부분 오른손잡이인 상대의 백핸드 쪽으로 커다란 대각선 궤적을 그리며 향하고, 어깨 높이까지 튀어 오르는 탄력 있는 공으로 상대의 백핸드 범실을 유발한다.

조코비치는 예외였다. 누구보다 탄탄한 투핸드 백핸드의 소유자였다. 나달이 마음먹고 친 포핸드 크로스 공격을 187cm의 조코비치는 매우 안정적으로 어깨 높이까지 치솟는 공을 받아낼 수 있었다. 이것이 같은 최고 레벨의 테니스를 구사하는 로저 페더러와 가장 큰 차이점이었다. 페더러의 백핸드는 한손으로 치는 원핸드 백핸드였고, 나달의 톱스핀 포핸드의 '먹잇감'이 될 수밖에 없었지만 조코비치는 정반대로 나달의 가장 자신 있는 무기를 두려워하지 않았다.

조코비치의 체력이 비약적으로 상승한 것도 나달-조코비치 맞대결 상성의 근본적 변화를 야기했다. 조코비치의 탄탄한 투핸드 백핸드는 과거에도 나달에게 위협적이었지만, 장기전으로 접어들었을 때 조코비치의 기세는 마지막 순간 나달의 체력을 감당하지 못했다. 그래서 인내심을 잃고 무리한 공격을 감행하며 스스로 패배의 구렁텅이에 빠지기 쉬웠다. 이런 패턴으로 20대 초반까지 특히 5세트로 진행하는 그랜드슬램 대회에서 절대 우위를 보인 나달이었지만, 글루텐-프리 다이어트로 무장한 조코비치는 약점이 없는 무시무시한 선수로 성장했다.

조코비치를 상대로 한 연패는 심리적인 상처를 남겼다. 하반기 나달은 무기력한 모습을 보이며 점점 우승권에서 멀어져갔다. 왕중왕전인 11월 월드투어 파이널스 라운드 로빈에서 탈락, 4강에도 오르지 못하며 초라하게 시즌을 마쳤다. 불과 1년 전 데뷔 이후 최고의 전성기를 누린 나달의 예상치 못한 몰락이었다. 과연 반등은 가능할까? 기술은 물론 심리적인 면에서도 자신의 완벽한 '천적'으로 떠오른 조코비치에 대한 해법을 찾지 못하면 불가능한 일이었다.

# 02

# 천적을 극복하다

위대한 챔피언은 도전을 즐기고 시련을 극복한다. 나달에게 찾아온 끔찍한 재앙과도
같은 조코비치. 하지만 나달은 늘 그랬듯 도전을 멈추지 않았고 마침내 해법을 찾아냈다.

## 비장의 무기를 갈고 닦다

테니스 동호인들 사이에서는 이런 속된 말이 있다. '한번 호구 잡히면 끝까지 벗어날 수가 없다.' 예를 들어 나보다 한참 하수인 동호인이 있는데, 처음에는 적수가 되지 않았다. 시간이 지날수록 점점 그 하수 동호인의 실력이 좋아지더니 결국 나를 넘어서 버렸다. 그 상실감은 이루 말할 수 없는 지경. 자신감도 크게 떨어져, 앞으로 다시는 그를 만나기조차 꺼려진다. 한번 천적은 영원한 천적. 먹고 먹히는 먹이사슬의 위계질서를 다시 회복하려면 뼈를 깎는 노력이 수반되어야 한다.

나달이 조코비치라는 천적을 극복하는 과정은 그래서 경이롭다. 자신에게 결승전에서만 7연속 패배를 안겨준 저승사자를 어떻게 넘었을까. 2011년까지 6연패를 당한 나달은 이듬해 1월 호주 오픈에서도 아주 '역사적인 패배'를 당하며 연패 숫자를 7로 늘렸다. 호주 오픈 4강에서 이제는 과거의 라이벌이 된 페더러를 3-1로 물리쳤지만, 결승전에 올라온 현재의 라이벌 조코비치와 5세트, 5시간 53분의 사투 끝에 또다시 패했다.

다만 조심스럽게 희망의 단면을 엿볼 수 있었다. 나달이

비시즌 새롭게 갈고 닦은 히든카드가 조코비치를 꽤 괴롭혔기 때문이다. 바로 포핸드 다운더라인 샷. 코트 구획선 라인을 따라 일직선으로 내리꽂는 기술로, 모든 테니스 선수들이 최종 병기로 구사하지만, 완성하기 어려운 바로 그 기술이었다.

테니스는 기본적으로 크로스의 운동 방향을 갖고 있다. 직선 공격보다는 완만한 포물선을 그리는 대각으로 기본 공격 방향을 설정한다. 이유는 두 가지다. 테니스 코트를 머릿속에 그려보자. 크로스로 치면 공의 이동 거리가 직선보다 길어진다. 따라서 아웃될 가능성이 상대적으로 적다.

두 번째 이유는 네트 높이에 숨어있다. 테니스 네트는 양쪽 끝과 가운데의 높이가 다르다. 가운데가 0.914m로 가장 낮고 양쪽 끝으로 갈수록 1.07m로 높아진다. 크로스 샷이 네트 가운데를 통과하는 반면, 직선 공격인 다운더라인은 네트 가장 높은 부위를 지나야 하는 부담이 있다. 그래서 포핸드 혹은 백핸드 다운더라인은 실수 없이 구사하기 어렵고, 다시 말해 상대가 대비하기 어려운 가장 공격적인 샷이 된다는 뜻이다.

## 먹이사슬 구조를 뒤집다

나달과 조코비치의 랠리 교환 패턴을 살펴보자. 나달의
왼손 포핸드는 조코비치의 강점인 백핸드로 향한다.
다른 선수들과 달리 조코비치는 이를 자유자재로
받아칠 수 있다. 그렇다면 이 패턴의 방향을
바꿔준다면? 즉 나달의 포핸드를 크로스로 치는 대신,
직선으로 한 템포 빠르게 쳐준다면 나달–조코비치의
랠리 다이내믹은 근본적으로 바뀔 수가 있다.

2012년 롤랑 가로스 결승전은 10년 만의 최대
빅매치가 성사됐다. 마침내 클레이의 황제 나달과 세계
최고의 선수 조코비치가 결승에서 격돌했기 때문이다.
프랑스 오픈 결승에서 나달과 조코비치가 맞붙은 첫
대회였다. 예상은 분분했다. 제아무리 클레이에 강한
나달이라 하더라도 천적 조코비치를 감당할 수 없을
것이다. 혹은 코트 표면 속도가 느린 프랑스 오픈 필립
샤트리에 경기장에서는 나달이 충분히 조코비치를
제압할 수 있다 등등.

다만 이때의 나달은 2011년 연패의 늪에 빠져 있던
모습이 아니었다. 이미 나달은 새롭게 갈고 닦은

포핸드 다운더라인을 앞세워 두 차례 투어 대회에서
조코비치에게 패배를 안기며 자신감을 어느 정도 회복한
상태였다. 몬테카를로와 로마 마스터스에서 지난해의
아픔을 되갚았다.

관심이 집중된 프랑스 오픈 결승전에서도 나달의
자신감과 상승세는 이어졌다. 1세트 파상 공격을 퍼부어
6–4로 승리했다. 2세트도 마찬가지 흐름 속에 6–2로
승리. 하지만 조코비치의 저력은 무시할 수 없었다. 3세트
반격에 성공했고, 4세트에서도 먼저 나달의 서브권을
브레이크해 앞서갔다. 그런데 여기서 2008년 윔블던과
비슷한 일이 벌어졌으니. 비가 쏟아져 우천 중단되면서
결승전이 다음날로 연기된 것이다.

하루 쉬고 나온 나달은 자신감을 회복했고 결국 역전에
성공해 승부를 3–1로 마무리했다. 나달의 메이저 통산
11번째 우승. 그보다 의미 있는 건 천적으로 군림해온
조코비치 '징크스'에서 벗어났다는 사실이었다.

 나달은 오늘 왜 자신이
클레이 코트의 황제인가를
여실히 증명했습니다.

정신력으로 말하자면 나달보다 강한 선수는 존재하지 않습니다.
코트 위에 올라가서 그가 점프하는 걸 보고 있노라면
검투사와 대결을 앞두고 있는 듯합니다.

NOVAK DJOKOVIC

## 2013년 또 하나의 황금기

나달의 2012년 호주 오픈부터 2013년 US 오픈까지 전적을 살펴보면, 이 기간의 테마는 '천적의 극복'이라고 봐도 무방할 것이다. 나달과 조코비치의 상대 전적을 살펴보면 다음과 같다.

2012 ............... 호주 오픈 결승전 *VS* 조코비치
2012 ............... 몬테카를로 오픈 결승전 *VS* 나달
2012 ............... 로마오픈 결승전 *VS* 나달
2013 ............... 프랑스 오픈 결승전 *VS* 나달
2013 ............... 몬테카를로 결승전 *VS* 조코비치
2013 ............... 프랑스 오픈 준결승전 *VS* 나달
2013 ............... 캐나다 마스터스 결승전 *VS* 나달
2013 ............... US 오픈 결승전 *VS* 나달

6승 2패로 나달이 먹이사슬 관계를 완벽히 뒤집었다고 평가할만하다. 사실 이 기간은 나달과 조코비치가 25~26세로 최전성기였다. 가장 빠르고 역동적이고 힘이 넘치는 테니스를 구사할 때였다. 이 가운데는 프랑스 오픈 역대 최고 명승부 가운데 하나로 꼽힌 2013년 준결승전도 있었다. 4시간 37분 동안 펼쳐진 이 경기에서 나달은 마지막 5세트 9-7이라는 근소한 점수 차이로 승리를 거두고 결승에 진출했다.
2013년은 나달의 커리어에서 2010년과 함께 가장 뛰어난 성적을 거둔 해로 꼽힌다. 특히 나달이 전통적으로 약한 면모를 보였던 8~9월 북미 하드 코트 시리즈를 평정한 하나밖에 없는 시즌이었다. 이 과정에서 나달은 하드 코트 역상 최강으로 꼽힌 조코비치를 두 번 만나 모두 승리를 거뒀다. 2013년 US 오픈에서 나달은 조코비치의 우승 도전을 좌절시켰는데 파워풀한 포핸드 다운더라인이 승리 요인이었다. 나달의 전 커리어를 통틀어 조코비치에게 가장 우위를 보였던 24개월의 시간이었다.
이후 나달은 역시 정진에 정진을 거듭한 조코비치의 반격에 적지 않은 패배를 당했지만, 적어도 2011년과 같은 일방적 연패는 없었다. 물론 나달이 부상 여파로 커리어 유일의 암흑기를 보낸 2015~2016년은 예외였지만, 이때는 비단 조코비치뿐 아니라 상당수 선수들에게 승리보다 패배를 더 많이 헌납했던 시기였다. 최소한 천적이란 단어는 나달의 백과사전에서 삭제해도 좋은 단어가 됐다.

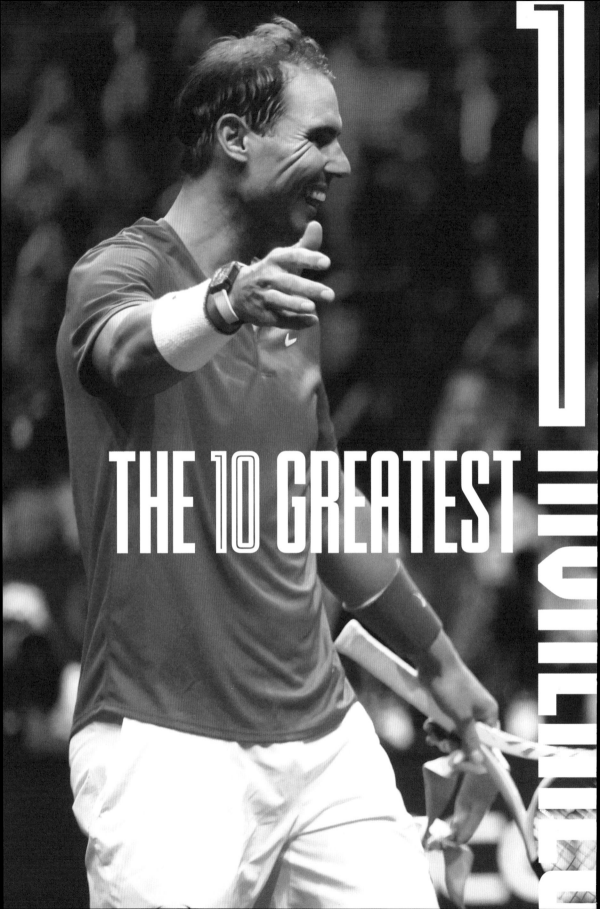

THE 10 GREATEST

# 테니스 역사상 최고 라이벌 10선

우리가 현대 프로복싱을 최강 펀치들끼리 벌이는 뜨거운 라이벌전으로 기억하듯, 일대일 스포츠인 테니스 역시 라이벌전이 곧 역사다. 19세기 말 최초의 현대식 테니스가 출범한 이후 명성이 높은 선수들끼리 벌이는 근사한 라이벌전은 테니스의 위상과 품격을 높여준 촉매제였다. 테니스가 고도로 현대화하기 시작한 건 1968년 프로와 아마추어가 함께 경쟁하는 이른바 '오픈 시대 개막' 이후인 걸 감안하면, 현대 테니스 라이벌전의 역사는 이제 갓 50년 정도를 넘어선 셈이다. 테니스 역사책에 기록될 최고 라이벌 열전 10가지를 소개한다.

## 로저 페더러 vs 라파엘 나달

1 페더러와 나달의 대결은 여전히 지구촌 테니스 팬들이 가장 보고 싶어 하는 매치업이다. 2008년 윔블던 결승전의 클래식으로 상징되는 이들의 라이벌전은 총 40회 성사됐고, 나달이 왼손잡이 이점을 바탕으로 24승 16패로 앞서 있다. 국내팬들에게 '페달전'으로 불리는 이들의 대결이 특히 더 흥미로운 지점은 대조적인 요소가 가장 많기 때문이다. 오른손잡이와 왼손잡이, 우아함과 저돌성, 공격과 수비, 서브와 리턴, 스트로크와 발리의 대립적 요소가 풍부했다. 지금은 8승 차이로 꽤 좁혀졌지만, 한때 페더러가 나달 징크스를 극복하지 못할 시점에는 라이벌전으로 부르기 민망할 만큼 승패 전적이 벌어지기도 했다. 2017년 페더러가 자신의 약점을 일부 보완하고 나타나 5연승을 거두면서 격차는 많이 좁혀졌다.

## 노박 조코비치 vs 라파엘 나달

2 2022년 프랑스 오픈 8강전에서 두 선수는 4시간 가까운 접전을 펼치며 테니스 마니아들의 눈을 즐겁게 만들었다. 이때가 59번째 만남이었다. 오픈 시대 남자 테니스로 한정하면 역대 최다 맞대결의 기록이고, 이 숫자는 앞으로 더 추가될 가능성도 있다. 이들은 진정 동시대의 호적수라 할만하다. 테크닉은 물론 체력과 정신력에 있어서 역대 으뜸으로 거론될 만큼 압도적인 챔피언들의 대격돌이었다. 특히 나달이 14차례나 우승한 프랑스 오픈이 2010년 이후 4대 메이저 대회 가운데 호사가들의 흥미를 끌게 된 결정적 요인은, 나달의 대항마로 기능하고 있던 조코비치의 존재 덕분이었다. 30승 29패로 조코비치가 근소하게 앞섰다고는 하나, 사실상 이들의 우열은 가릴 수 없다고 보는 편이 옳다.

## 로저 페더러 vs 노박 조코비치

3 페더러는 같은 나이대 라이벌 자체가 없었다. 앤디 로딕, 레이튼 휴이트, 다비드 페레르, 그리고 안드레 애거시까지 모조리 제압하며 독주 체제를 만들었다. 하지만 나달에 이어 조코비치라는 5~6년 아래 동생들의 압박에 커리어 중반부터 고생이 많았다. 조코비치 역시 나달 못지않은 페더러의 천적이라 부르기에 부족함이 없다. 이들의 연령별 전성기는 겹치지 않아 맞대결 초창기에는 압도적인 페더러의 우세로 진행되다가 결국 조코비치가 이십대 중반으로 향하면서 상대 전적 27승 23패로 앞설 수 있었다. 특히 페더러가 삼십 줄을 넘긴 이후 조코비치는 나달 이상으로 페더러에게 메이저 대회 등 주요 이벤트에서 뼈아픈 패배를 많이 안겼다. 승패를 떠나, 페더러와 조코비치의 대결은 날카로운 서브와 물샐틈없는 리턴의 맞대결 양상으로 보는 즐거움이 다른 어떤 경기보다 컸다.

## 피트 샘프러스 vs 안드레 애거시

4 1990년대를 양분한 두 스타의 대결은 창과 방패의 매치업으로 부를 만하다. 샘프러스는 당대는 물론 역대 최고의 서브 기술자였고, 애거시의 리턴은 훗날 조코비치가 등장하기 전까지 새로운 경지를 열어젖힌 전설적인 기술이었다. 두 거인의 대결은 각자의 서브 게임에서 전혀 다른 양태의 게임이 나와 관중들을 지루할 틈 없게 만들었다. 샘프러스의 서브권에서는 랠리가 거의 이뤄지지 않았고, 애거시가 서브를 넣을 때면 10구 이상의 치열한 랠리가 빠짐없이 나왔다. 90년대는 여전히 강서버들이 리턴이 좋은 선수들을 압도할 수 있는 시기였고, 자연스럽게 이 둘의 맞대결 전적은 그들의 그랜드슬램 우승 횟수만큼이나 벌어졌다. 20승 14패로 샘프러스의 우위.

## 크리스 에버트 vs 마르티나 나브라틸로바

5 오픈 시대 이후, 가장 많이 대결한 전설적인 라이벌전이다. 에버트와 나브라틸로바는 그토록 많이 대결했지만 첫 만남부터 마지막 80번째 대결까지 서로에 대한 호감과 신뢰를 잃지 않았다. 이 라이벌전의 특징은 페더러와 나달처럼 선호하는 코트 표면이 달랐다는 점이다. 에버트가 클레이에서 120연승이라는 거짓말 같은 기록을 달성한 반면, 나브라틸로바는 서브&발리를 능숙하게 구사할 수 있는 잔디를 좋아했다. 초창기 에버트가 앞서나가던 라이벌전은 세월의 흐름과 함께 나브라틸로바 쪽으로 기울었다. 1973년부터 장장 15년간 펼쳐진 이들의 대결은 나브라틸로바의 43승 37패 우위로 마무리됐다.

## 슈테피 그라프 vs 모니카 셀레스 6

15번밖에 만나지 않았지만 이토록 테니스 팬들의 기억 속에 강렬한 대결 구도를 심었던 경우가 또 있었을까 싶다. 그라프가 10승 5패로 결과적으로 앞섰지만, 전적을 그 반대로 기억하는 팬들이 적지 않다. 어린 십대 소녀가 혜성처럼 나타나 그라프의 앞길을 가로막아선 경우로 기억한다. 샤라포바 괴성의 원조 격이라 할 수 있는 셀레스는 포핸드와 백핸드 모두 양손으로 파워풀한 스트로크를 구사하며 그라프를 괴롭혔다. 이들의 맞수 대결은 80년대 에버트와 나브라틸로바 못지않은 격렬한 구도 속에 진행됐지만 1993년 셀레스가 그라프의 열성팬으로 알려진 괴한의 칼에 찔리면서 사실상 중단됐다. 그래도 '역사의 가정'을 가미한 이들의 라이벌 구도는 여전히 흥미진진하다.

## 비외른 보리 vs 존 매켄로 7

이미 영화로 만들어질 만큼 완성도 높은 스토리텔링을 자랑하는 남자 테니스의 대표적인 라이벌전이다. 어떤 의미에서 보리와 매켄로는 현대 테니스가 처음으로 배출한 글로벌 스타라고 할 수 있다. 이들의 활약이 컬러 텔레비전의 보급과 함께 테니스의 세계화를 촉진했고, 1980년부터 약 2년간 윔블던과 US 오픈에서 보여준 격렬한 경쟁이야말로 테니스 최초의 슈퍼 라이벌전이라 할 만하다. 왼손잡이 매켄로의 독특한 서브와 발리는 비외른 보리의 치밀한 그라운드 스트로크와 한치 양보 없는 팽팽한 대결을 가능케 했다. 매켄로의 불같은 성격과 아이스맨이란 별명을 갖고 있는 보리의 냉철함도 80년대 최고 라이벌전을 더욱 빛내준 양념이었다.

## 로드 레이버 vs 켄 로즈웰 8

1968년 오픈 시대 개막 이후부터 이 두 호주 전설들의 라이벌 구도를 설명하는 건 난센스다. 왜냐하면 오픈 시대 이전 이들은 지금은 상상조차 할 수 없을 만큼 자주 맞붙었고, 서로 어마어마한 양의 승패를 주고받았기 때문이다. 총 164회 대결을 벌여 89승 75패로 레이버가 압도했다. 1963년 레이버가 프로 전향을 선언한 뒤 1977년까지 숱한 명승부를 만들어냈다. 특히 1972년 로즈웰이 37세, 레이버가 32세 때 미국 댈러스의 무디 체육관에서 겨룬 WCT 파이널은 당시 NBC가 편성 시간을 초과했음에도 광고를 틀지 않고 계속해서 중계방송을 이어나갔을 정도로 눈을 뗄 수 없는 명승부였다.

## 빌리 진 킹 vs 마거릿 코트 9

마거릿 코트는 아직도 깨지지 않고 있는 그랜드슬램 단식 최다 우승(24회)의 기록 보유자다. 빌리 진 킹은 여성 테니스 인권 신장의 상징적 존재다. 그렇지만 테니스 코트 위에서 승부는 마거릿 코트의 우세승이었다. 1960~70년대 오픈 시대 개막을 전후해 32차례 만나 22승 10패로 마거릿이 더 많이 이겼다. 코트 밖 승부는 양상이 달랐다. 1973년 보비 릭스와의 남녀 성대결 이벤트에서 마거릿 코트는 패했지만, 빌리 진 킹은 승자가 되면서 이들의 희비는 엇갈렸다.

## 보리스 베커 vs 스테판 에드버리 10

1980년대까지는 적어도 서브&발리가 대세인 시대였고, 윔블던 잔디에서 베커와 에드버리가 벌인 경쟁은 그 가운데 단연 돋보이는 라이벌 구도였다. 특히 에드버리가 빠른 서브 대신 스핀을 듬뿍 담은 킥서브를 한 뒤 네트를 향해 돌진해 감각적인 발리로 경기를 끝내는 장면은 아직도 서브&발리의 교과서로 여겨진다. 통산 전적 25승 10패로 베커가 많이 앞서지만, 그랜드슬램에서는 에드버리가 3승1패로 우위를 보였다. 두 선수는 1988년부터 3년 연속으로 윔블던 결승에서 만나 명승부를 펼쳤는데, 훗날 테니스황제 로저 페더러는 이 둘의 윔블던 라이벌전을 보고 테니스의 길로 접어들었다고 밝힌 바 있다.

# 루틴과 미신

## 테니스보다 유명한 나달의 루틴

루틴Routine의 사전적 정의는 '특정한 작업을 실행하기 위한 일련의 명령. 프로그램의 일부 혹은 전부를 이르는 경우' 이고 스포츠 용어로는 '선수들이 최고의 운동 수행 능력을 발휘하기 위하여 습관적으로 하는 동작이나 절차'를 뜻한다. 나달은 루틴의 대명사다. 화끈한 포핸드 스트로크만큼이나 그를 가장 잘 정의내리는 특징 가운데 하나이다. 이 책의 독자라면 수없이 많은 나달의 테니스 경기를 지켜봤겠지만, 다시 한 번 그의 경기 전 루틴을 정리해보자. TV 화면에 잡히지 않는 루틴까지 총망라했다.

### 경기장 밖

1 ···· 경기 시작 1시간 전 헤어밴드를 가방에 챙겨 넣는다
2 ···· 라커룸에서 정확히 경기 시작 45분 전 찬물 샤워한다.
3 ···· 6개의 라켓 그립을 하나씩 감는다.
4 ···· 신발 위로 15cm 이상 올라오는 양말을 절대 신지 않는다.
5 ···· 코트 입장 전 음악을 들으며 천장 위로 공격적인 점프를 한다.
6 ···· 화장실에 5〜6회 들러 초조한 사람처럼 소변을 본다.

### 경기장 안

1 ···· 입장해 라켓 가방을 의자 옆에 가지런히 놓는다. 이때 반드시 수건을 바닥에 깐다.
2 ···· 물병 2개를 바닥에 열을 맞춰 정렬시킨다. 한 개는 찬물, 또 하나는 미지근한 물이다.
3 ···· 이때 반드시 물통 상표가 코트 정면을 향하도록 한다.
4 ···· 워밍업이 끝나면 의자에 상대 선수보다 더 오래 앉아 있다가 나간다.
5 ···· 포인트 사이사이 절대 코트 라인을 밟지 않는다.
6 ···· 게임이 끝나고 휴식할 때 상대와 마주치면 항상 먼저 지나가도록 배려한다.

### 서브를 넣을 때

1 ···· 손목 밴드와 헤어밴드를 정돈한다.
2 ···· 귀 밑 머리를 한 번 만진다.
3 ···· 일정한 횟수로 공을 튕긴다.
4 ···· 오른손을 엉덩이로 가져가 속옷을 당겨준다. Very Important!!!
5 ···· 양쪽 어깨 셔츠를 당긴다.
6 ···· 오른손으로 코를 만진다.
7 ···· 첫 서브 때나 둘째 서브 때나 똑같이 강한 기합을 넣는다.

이상이 나달의 테니스만큼이나 유명한 루틴이다. 매우 복잡하고 거의 신앙 수준에 가까운 루틴을 나달은 근 20년 넘는 프로 선수 내내 지켜왔다. 물론 나달만 반복적 습관이 있는 건 아니다. 마리아 샤라포바는 나달처럼 귀밑머리를 한 번씩 쓱쓱 넘겨준다. 독일의 알렉산더 즈베레프는 포인트 사이사이마다 상의 안으로 손을 넣어 배를 긁어댄다. 캐나다의 데니스 샤포발로프는 희한하게도 서브를 넣기 전 두 다리 사이로 공을 튕기는 의식을 수행한다.
그러나 어느 누구도 라파엘 나달의 수십 가지 루틴의 법칙을 능가하지 못한다. 나달은 「GQ」 매거진과의 인터뷰에서 자신의 루틴에 대해 다음과 같은 의견을 밝힌 적이 있다.

어릴 때부터 계속해오던 행동이었습니다. 이제 와서 바꿀 수가 없는 거죠.
많은 것을 변화시킬 수 있습니다만 이건 불가능합니다.

나달의 어머니는 특히 아들의 속옷 잡아당기기에 마음고생이 심했다고. "얼마나 많은 속옷 선물이 집으로 배달됐는지 모릅니다. 사람들은 라파의 속옷이 작아서 그런 행동을 한다고 오해하기도 했죠." 어느 스페인 매체와의 인터뷰 내용이다. 나달의 스타성을 더욱 강조하는 재미있는 일화이지만, 실제로 스포츠 선수들에게 루틴의 힘은 무시할 수 없다. 왜냐하면 스포츠에서의 성공 역시 마음의 안정에서 비롯되는 강한 믿음에서 나오기 때문이다.

2001년 윔블던에서 와일드카드를 받고 깜짝 우승을 차지한 고란 이바니셰비치에게는 황당한 루틴이 있었다. 경기 전 반드시 어린이 TV 프로그램을 시청하는 것이었다. 2008년 세리나 윌리엄스는 프랑스 오픈 3회전에서 충격 탈락했는데, 이유를 묻자 그녀가 지목한 패인은 놀랍게도 '루틴의 불이행'이었다.

저는 경기에서 신발 끈을 똑바로 매지 않았을 뿐 아니라
서브 넣을 때 공을 5번 팅기지 않았어요.
게다가 코트로 제 샤워 샌들을 가져가는 걸 깜빡했지 뭐에요.
저는 질 줄 알고 있었어요. 그럴 운명이었던 거죠.

## 루틴은 과학이다

저명한 미국의 행동 심리학자 프레드릭 스키너는 1947년 이미 스포츠 루틴의 효과에 대한 연구 결과를 내놓은 바 있다. 비둘기가 실험 대상이었는데, 비둘기들이 특정 행동을 하면 먹이를 줬다. 실험이 반복되자, 비둘기들은 배가 고플 때 그 특정 행동을 반복하며 먹이를 기다렸다. 스키너에 따르면 비둘기들은 이런 행동을 했을 때 먹이를 먹을 수 있다는 '믿음'을 갖게 됐고, 반복적으로 이 행동을 하게 되는 루틴에 이르게 됐다는 분석이다.

예컨대 볼링 선수들은 공을 레인 바닥에 뿌린 뒤에도 특정 행동 패턴을 반복한다. 공의 궤적에 영향을 줄 수 없음이 명백함에도 그 행동을 지속적으로 반복하며 스트라이크가 되기를 기다린다. 미신에 가까운 일이나 선수들에게는 믿음이며, 이것을 반복하면서 집중력과 마음의 안정을 얻을 수 있다는 것이다. 나달은 12년 전 발표했던 자서전 『라파: 마이 스토리』에서 루틴의 효과에 대해 이렇게 자체 결론을 내렸다.

일종의 자기 최면이죠.
상대는 물론 스스로에게도 약점을 감추는 효과가 있습니다.

## 슈퍼맨과 겁쟁이

그렇다면 나달은 어쩌다 이렇게 루틴의 신봉자가 됐을까. 스페인 현지 언론이 다각도로 조명한 바에 의하면, 이는 나달의 어린 시절부터 형성된 성격에서 기인한다. 그리고 놀랍게도 나달의 바로 그 성격적 특징의 핵심은 '두려움'이었다. 나달은 유아 시절 비정상적으로 겁이 많았다. 특히 어둠에 대한 두려움이 심각했다. 불을 환하게 켜놓지 않으면 잠들지 못했다. 어쩌다 전기가 나가기라도 하면 나달은 방에서 나와 거실 소파에서 잠을 청했다. 어릴 적 나달은 어둠이 닥치면 죽음에 대한 두려움이 생겼다고 한다.

'겁쟁이' 나달은 성인이 되어서도 크게 변하지 않았다. 나달이 질색하는 단어들이 있다. 헬리콥터, 오토바이, 심해, 개, 거미, 화재, 스피드카 등등. 테니스 상금으로 갑부가 된 나달은 물론 초고가의 자동차를 보유하고 있지만 운전대를 잡으면 결코 과속하지 않는다. 나달은 성능 만점의 스포츠카를 몰면서도 수차례 브레이크를 밟아가며 속도를 제어한다. 물론 엄격하면서도 영리한 삼촌 토니는 이 두려움조차 훈련에 활용하긴 했다. 나달이 집중력이 흐트러질 때면 "천둥의 신이 노할 것이다"라고 협박에 가까운 저주를 내렸고, 훈련 때마다 효과를 톡톡히 봤다고 한다. 나달은 「보그」와의 인터뷰에서 자신의 두려움과 관련해 다음과 같이 말했다.

어릴 때 집에 혼자 있으면 두렵고 초조해졌습니다.
침대에서 잠을 청할 수 없었죠.
저는 선물로 받은 오토바이가 집에 있긴 합니다만 거의 몰지 않습니다.
오토바이는 무섭습니다.
위험하잖아요.
우리 인생은 딱 한 번 밖에 없답니다.
저는 일상에서 그리 용감한 편이 아닙니다.
물론 테니스 코트에서는 다르지만요.

이 대목에서 참으로 나달은 간단히 정의할 수 없는, 복합적 인물이라는 생각이 들었다. 코트 위에서는 온몸을 사리지 않고 불도저처럼 달려드는 한 마리 황소 같은 나달이, 코트 밖에서는 수시로 두려움에 온몸을 떠는 순한 양이라니. 조금 더 절묘한 비유는 나달을 가장 가까이서 관찰해온 그의 전담 코치 카를로스 모야의 입에서 나왔다. 모야는 나달을 '슈퍼맨 영화 속 변신 전 클라크'라고 묘사했다.

나달의 이중적인 성격은 슈퍼맨의 주인공 클라크 켄트를 떠올리게 합니다.
일상생활에서는 소심한 청년에 불과하지만,
테니스 코트 위에 올라선 순간 슈퍼 히어로로 변신하거든요.

약하면서도 강한 존재. 그래서 루틴과 미신에 대폭 의존하기는 하지만, 그런 믿음을 바탕으로 자신을 극한의 승부 세계로 몰아붙여 승리를 쟁취하는 투사. 무쇠팔, 무쇠주먹을 자랑하는 강철 같은 면모 뒤에 가려진 인간적인 면모는 나달을 더욱 매력남으로 만든다.

나는 미신을 믿지 않습니다. 그랬다면 패할 때마다 루틴을 바꿨겠죠.
나는 루틴의 포로가 아니랍니다.그토록 철저한 루틴을 고집하는 이유는 사실, 머릿속이 꽤 복잡하기 때문입니다. 그 행동은 집중력을 높이는 방법인 동시에, 제 내면의 목소리를 제어하는 것입니다. 그로 인해 저는 제 내면의 소리를 듣지 않을 수 있습니다. 어떤 소리냐구요? '난 아마도 질 거야'라는 소리는 물론 '나는 이길 거야' 같은 소리도 그렇습니다.

# 03

# 부상 그리고 슬럼프

나달의 테니스 인생은 부상과의 전쟁이었다. 공식적으로 밝혀진
부상 부위만 12군데가 넘는, 걸어 다니는 병원이다. 하지만
나달이 다른 테니스 전설들과 뚜렷이 구분되는 지점도
여기에 있다. 그토록 많은 부상 속에서도
그 누구보다 오랜 기간 최고의
테니스를 쳤으니까.

나달은 훗날 몸이 감당할 수 없는 수표를 발행하고 있습니다.

모든 포인트를 강하게 쳐 득점하고 있습니다.

건강하길 바라야겠지만 이렇게 되면 이곳저곳 고장이 날 수밖에 없습니다.

뛰어난 선수 경력은 그가 어떻게 플레이하는가도 중요하지만,

얼마나 건강을 유지할 수 있는가에도 달려 있습니다.

## 몸이 감당할 수 없는 수표

쓸데없지만 그래도 한번 해보고 싶은 가정이 하나 있다. '과연 나달이 부상에서 자유로웠다면 도대체 얼마나 많은 기록을 추가할 수 있었을까' 부질없는 상상에 불과하지만 산술적으로 거의 지금까지 해낸 나달의 업적에 약 1.5배는 넉넉히 추가할 수 있다는 계산이 나왔다. 그만큼 나달은 커리어 내내 지독하고 지속적인 부상에 시달렸다.

부상에 관한 가장 유명한 어록은 역시 미국의 테니스 전설 안드레 애거시가 나달의 플레이를 지켜본 뒤 남긴 한마디일

것이다.

나달의 부상 부위는 지금까지 각종 언론 보도를 통해 드러난 것만 총 12군데에 달한다. 상체부터 시작해 하체까지 두루 다쳤다. 어깨-복부-팔꿈치-허리-오른손목-왼손목-오른손가락-왼손가락-허벅지-오른무릎-왼무릎-왼발. 머리부터 발끝까지에서 '머리'만 제외하고 다 한 번씩 부상을 당한 셈이다.

ANDRE AGASSI

## 만병의 근원 왼발 부상

작은 부상은 제외하고, 커리어를 위협할만한 심각한 부상을
살펴보자. 나달의 첫 번째 주요 부상은 프로 전향 뒤 한창
십대 천재 소리를 들으며 잘 나가던 2004년에 발생했다.
왼쪽 발이었는데 사실 이 부상이야말로 만병의 근원이요,
나달이 은퇴할 때까지 괴롭히게 된 고질적인 부상이었다.
2022년 나달은 왼쪽 발가락에 통증을 느끼지 못하게
만드는 마취제를 맞고 롤랑 가로스를 뛰어 우승해 커다란
감동을 안겼는데, 사실 이 부상은 처음부터 끝까지 나달의

선수 생명을 위협한 암적인 존재였다.

2004년 아테네올림픽에 왼발 부상으로 말미암아 참가하지
못한 나달은 정밀 검사를 받기 위해 마드리드로 향했다.
검사 결과 왼쪽 발등에 위치한 뼈가 어릴 적 유전적
요인으로 충분히 강해지지 못한 사실이 밝혀졌다. 전문의는
나달에게 최악의 뉴스까지 전했다. "아마도 다시는
테니스를 치지 못할 수도 있습니다." 나달은 대성통곡했다.
다행히 나달의 주변에는 올바른 판단, 강인한 결정을 내릴
수 있는 조력자들이 있었다. 가족을 비롯해 무엇보다 삼촌
토니 나달은 아직 어린 라파를 독려했다. 심지어 걷지
못할 때조차 토니는 나달을 의자에 앉힌 채 라켓으로 공을
때리는 연습을 시켰다.

나달의 신발 후원사인 나이키의 역할도 한몫했다. 나달의
기형적 발 구조에 맞춘 특수 신발을 제작했다. 여전히
통증은 있었지만 견딜 만했다. 18세의 나이에 견디기
어려운 시련이었지만, 나달은 고통을 통해 스스로를
단련시키는 데 익숙했다. 오히려 언제 커리어가 마감될지
모를 수 있어, 모든 경기를 마치 마지막처럼 혼신의 힘을
다해 뛰었다.

사실 그동안 대중에게 널리 알려진 나달의 '고질병'은 발이
아닌 무릎이었다. 나달은 주요한 커리어의 변곡점마다 무릎
부상으로 일보 전진 뒤 이보 후퇴를 반복했다. 2009년 롤랑
가로스 16강 탈락, 2012년 윔블던 2회전 탈락, 2014년
시즌 조기 종료 등이 모두 오른쪽 무릎 부상으로 비롯된
일들이었다. 그런데 이 무릎 부상을 야기한 근본적 이유가
알고 보니 특수제작한 신발로 인해 무릎에 지나치게 많은
부하가 가해졌기 때문이었다.

나달은 커리어의 상승기마다 무릎과 발, 복부 근육
부상 등으로 인해 앞으로 나아가지 못했다. 2008년
롤랑 가로스와 윔블던 양대 이벤트를 정복한 직후에도
부상으로 시즌 하반기를 뛰지 못했고, 이듬해 2009년도
마찬가지였다. 2014년 프랑스 오픈 결승에서 숙적
조코비치를 다시 한번 꺾었지만 이후 부상이 발목을 잡아
상승세를 이어가지 못했다. 몇 년 동안이나 시즌의 절반
정도만 소화하는 '반쪽 선수'에 머물렀고, 이로 말미암아
세계 랭킹 1위를 수차례 놓쳤다.

그러나 나달이 정말 위대한 선수라는 것은 끊임없는 부상의
위협 속에서도 포기하거나, 레벨이 떨어지지 않았다는
점이다. 부상을 딛고 일어선 것은 물론, 부상을 유발하는
플레이 스타일 자체를 바꾸는 데 노력을 쏟았다.

## 플레이 스타일의 변화

나달은 커리어 초창기 누구보다 많이 뛰는 이른바 '노가다 테니스'의 전형이었다. 베이스라인 한참 뒤에서 상대의 공격을
이리 뛰고 저리 뛰어 막아낸 뒤, 역습으로 포인트를 따내는 유형이었다. 이러다 보니 무릎이 남아나질 않았다. 특히 딱딱한
바닥의 하드 코트 경기에서 후유증이 심각했다. 그래서 나달은 커리어 중반부터 서서히 자신의 테니스 스타일을 바꿔나갔다.
보다 공격적인 선수로 변모해 긴 랠리보다 짧은 5구 이내의 스트로크에서 승부를 결정짓는 스타일로 변신을 시도했다.
여전히 나달의 디펜스 능력은 경이롭기 그지없어, 사람들은 나달이 수비 지향적이라는 인상을 받는다.  하지만 나달은 지극히
공격적인 선수다. 커리어 중반 지점부터 나달은 서브 뒤이어지는 3구 포핸드 공격의 효율성을 극대화시켜, '서브 + 1포핸드'
공격 방정식의 대가가 됐다. 삼십 줄을 훨씬 넘어선 커리어 후반부에는 네트 플레이와 발리 능력까지 비약적으로 향상시켜,
포인트를 획득하는 시간과 과정을 대폭 단축할 수 있었다.

부상이라는 시련 속에서도 포기를 모르는 남자 나달은 주변의 편견에도 불구하고 전성기 기량을 길게 유지하는 노장 가운데
한 명이 됐다. 누구도 예상 못한 일이다. 나달은 2022년 36세의 나이에 프랑스 오픈 정상을 차지했는데, 이는 그랜드슬램
역대 최고령 우승 3위의 기록이다. 앞서 나달의 건강을 염려한 안드레 애거시는 지금 무슨 생각을 하고 있을까? 분명 라파엘
나달의 시간은 거꾸로 흐르고 있다. 그는 부상과의 지긋지긋한 전쟁을 다음과 같이 쿨하게 정리했다.

커리어 내내 저는 힘든 상황을 많이 겪은 것이 사실입니다.

그러나 긍정적인 마음가짐을 가졌고 무엇보다 제 주변에는 올바른 사람들이 있었습니다.

그들의 역할은 매우 중요했습니다. 저는 그 덕분에 계속 나아갈 수 있었습니다.

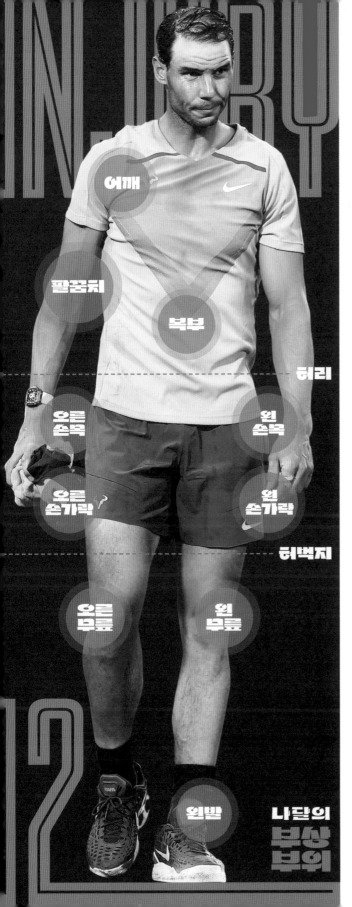

어깨

팔꿈치

복부

허리

오른손목

왼손목

오른손가락

왼손가락

허벅지

오른무릎

왼무릎

왼발

나달의 **부상부위**

## 암흑기의 도래

나달은 온갖 부상에 시달리면서도 매해 그랜드슬램 1회 이상 우승 달성이라는 기적에 가까운 일을 해냈다. 예외가 딱 두 차례 있었으니 2015년과 2016년이다. 두 시즌은 나달의 테니스 인생에서 거의 유일한 '암흑기'라고 할 수 있었다. 2014년 윔블던 16강 탈락 이후 나달은 시즌을 접고 부상 치료에 전념한 뒤 이듬해 1월 호주 오픈에 복귀했다. 좀처럼 지지 않는 토마스 베르디흐에게 8강에서 무릎을 꿇었는데, 베이글 스코어까지 나온 졸전이었다. 시간이 지나면 나아지려니 했다. 하지만 나달은 그해 내내 과거의 용감무쌍한 모습을 회복하지 못한 채 2005년 이후 처음 메이저 무관의 아픔을 맛봤다.

이듬해는 더 심각했다. 와신상담 롤랑 가로스 패권을 되찾고자 했지만 이번에는 왼 손목 부상으로 2라운드를 마치고 기권하는 가슴 아픈 결정을 내려야했다. 2016년 리우올림픽에 꼭 출전하고 싶었던 나달은 속성 재활을 마치고 메달 도전에 나섰지만, 후안 마르틴 델 포트로와 니시코리 케이에게 져 동메달도 건지지 못했다. 2년 연속 메이저 대회 우승 문턱조차 도달하지 못하자 비평가들은 일제히 '나달의 시대는 끝났다'고 떠들기 시작했다. 노박 조코비치의 전담 코치였던 보리스 베커는 "더 이상 나달은 그랜드슬램 우승후보가 아니다"고 잘라 말하기도 했다. 나달의 침체는 곧 라이벌 조코비치의 득세를 의미했다. 2015년과 2016년에 걸쳐 조코비치는 4대 메이저 대회를 연달아 우승하는 이른바 '노박 슬램'의 신기원을 열었다. 가장 위대한 선수가 누구냐는 팬들 사이에서의 논쟁에서도 나달은 서서히 자취를 감춰가고 있었다.

나달은 2016년 US 오픈 32강전 탈락, 그리고 10월 상하이 마스터스 조기 탈락 이후 과감하게 투어 일정을 모두 접고 잠복기에 들어갔다. 거듭된 투어 패배로 상처받은 자존심과 자신감을 회복하기 위해 쉬어 가는 길을 택한 것이다. 그런데 이 잠시 멈춤은 결과적으로 나달의 전체 커리어에 엄청난 영향을 미치는 '신의 한수'가 되어 버렸다.

# 테 니 스
# 三 國 志

***COLUMN*** 삼국지를 열 번 이상 읽은 사람과 다투지 말라는 말이 있을 정도로 동양 최고의 고전인 『삼국지연의』. 이 소설의 묘미는 여러 가지가 있을 것이다. 방대한 규모의 등장인물과 웅장한 스케일, 반전에 반전을 거듭하는 영웅들의 지략과 용기. 하지만 삼국지의 진짜 매력 가운데 하나는 권선징악이라는 단순한 결론으로 치닫지 않는 측면이다. 한마디로 누구의 승리로 끝나는지가 불분명하다. 조조와 유비, 손권이 벌이는 경쟁에서 '착한 남자' 유비는 물론, 조조도 손권도 끝내 승자가 되지 못했다.

삼국지의 이 매력적인 서사 구조는 3명의 슈퍼 히어로가 장장 15년 넘게 치열한 전투를 벌이고 있는 테니스 빅3의 대결 구도에 적용해볼 수 있을 것 같다. 군웅할거의 후한 시대, 수많은 군벌 호족 세력들을 제압하고 천하통일에 가까운 위업을 세운 위나라 조조를 페더러라고 한다면, 적벽대전에서 조조에게 결정적인 타격을 입힌 강동의 군주 손권은 나달이다. 손권에게 양자강이라는 천혜의 자연이 있었다면, 나달에게는 프랑스 오픈의 푹신푹신한 클레이 코트가 든든한 버팀목이었다. 조코비치는 '천하 삼분지계'를 들고나온 촉나라에 가까운 존재였다. 제갈공명의 신출귀몰한 전략 전술을 앞세운 조코비치는 페더러와 나달이라는 양강의 틈바구니 속에서 어느새 '역전 천하통일'을 노릴 수 있는 위치까지 올라섰다.

나달과 조코비치, 페더러가 서로 물고 물리는 테니스 삼국지는 사실 '천적', '먹이사슬'의 구조가 반영되어 있다. 나달은 페더러의 천적이다. 나달이 왼손잡이와 페더러의 원핸드 백핸드가 만들어낸 먹이사슬이다. 나달에게는 조코비치가 천적에 가깝다. 페더러를 상대할 때 그토록 위력적인 나달의 왼손 포핸드는, 조코비치의 투핸드 백핸드를 만나면 '고양이 앞의 쥐'가 된다. 페더러는 나달에게 약하고 나달은 조코비치에게 약한, 물고 물리는 먹이사슬 구조는 테니스 빅3의 라이벌 구도를 더욱 흥미롭게 만드는 양념과도 같았다.

2023년 4대 그랜드슬램이 모두 마무리된 지금 시점에서 빅3 가운데 누구를 역대 가장 위대한 선수 1위로 꼽을 수 있을까. 테니스에서 위대한 선수를 가르는 절대 기준인 메이저 우승 횟수에서 일단 조코비치가 가장 앞서 있다. 총 24회 그랜드슬램 챔피언으로 로저 페더러(20회)와 라파엘 나달(22회)을 따돌리고 레이스 선두를 달리고 있다.

그랜드슬램 외에 다른 기준점도 있다. 일단 메이저 대회 다음 가는 규모와 권위를 자랑하는 마스터스 시리즈에서는 나달과 조코비치가 페더러를 한참 아래로 밀어낸 지 오래다. 반면에 ATP가 커다란 중요성을 부여하는 시즌 왕중왕전에서는 페더러가 6번 우승을 차지했고, 세계 랭킹 연속 1위 기록도 깨지지 않고 갖고 있다. 다만 나달은 이 둘에게 아직 없는, 올림픽 단식 금메달이란 독보적인 성취가 있다. 상대 전적에서 조코비치는 나달에게 30승 29패, 또 조코비치는 페더러와의 전적에서도 앞서고 있다. 다만 페더러의 경우 전성기가 지난 삼십대 중반 이후 이들과 많은 대결을 벌였기 때문에 전적에 의해 우열을 가리는 데에는 한계가 있다.

테니스 삼국지의 묘미는 결론을 간단히 낼 수 없다는 데 있다. 조코비치가 가장 앞서 있지만, 나달이 2024년 다시 복귀한다면 이 승부는 계속될 수 있다. 페더러는 이미 현역에서 은퇴했지만 여전히 테니스 전체를 대표하는 상징성에서 이들의 위상에 결코 뒤지지 않는다. 도대체 이 전쟁의 최후 승자는 누가 될까. 아무도 알 수 없다.

다만 테니스 삼국지의 진정한 승자는 따로 있다. 페더러도, 나달도, 조코비치도 아닌 테니스 팬들이 바로 그 승리자다. 지금 테니스 팬들은 펠레와 마라도나, 그리고 리오넬 메시가 같은 운동장에서 뛰고 있는 축구 경기를 관람하고 있다. 무하마드 알리와 슈가레이 레너드가 링위에서 수시로 격돌하고, 포뮬러원 자동차 경주의 전설 미하엘 슈마허와 신 황제 루이스 해밀턴이 나란히 출격해 속도 전쟁을 벌이는 모습을 실시간으로 관전하고, 마이클 조던과 르브론 제임스가 서로 슬램덩크를 주고받는 상상에서나 가능할법한 장면을 목격하고 있다. 어쩌면 싱겁지만, 싱겁지만은 않은 무승부로 끝나게 될 가능성도 있다. 축구에서 우리는 이 결론을 본 적 있다. 20세기 최고의 축구 선수가 누구냐를 놓고 FIFA는 펠레와 마라도나를 투표에 붙였다. 결론은 사이좋은 무승부였다. 공동 역대 1위 선수로 선정한 것이다.

아마도 이 논쟁은 빅3의 막내 격인 조코비치가 현역에서 은퇴할 때까지 확실한 결론을 내기 어려울 지도 모른다. 하지만 상관없다. 각자의 마음 속에 그들만의 '역대 최고'를 품고 있으면 된다. 펠레와 마라도나 가운데 누가 더 위대한 선수인가를 끝내 가리지 못했던 것처럼, 혹시 모른다. 테니스 역시 페더러와 나달, 조코비치 3명의 우열을 최종적으로 판가름내지 못할 수 있을 것이다.

# NADAL

### 라파엘 나달
_스페인

그랜드슬램 **22회 우승**
마스터스 시리즈 **36회 우승**
연말 세계랭킹 **1위 5회**
올림픽 단식 **금메달**
프랑스 오픈 **14회 우승**\*역대 최다
통산 투어 우승 **92회**

# FEDERER

### 로저 페더러
_스위스

그랜드슬램 **20회 우승**
마스터스 시리즈 **28회 우승**
투어 파이널스 **6회 우승**
연말 세계랭킹 **1위 5회**
올림픽 단식 **은메달**
윔블던 남자 단식 **8회 우승**\*역대 최다
통산 투어 우승 **103회**

# DJOKOVIC

### 노박 조코비치
_세르비아

그랜드슬램 **24회 우승**
마스터스 시리즈 **40회 우승**
투어 파이널스 **6회 우승**
연말 세계랭킹 **1위 7회**
호주 오픈 **10회 우승**\*역대 최다
통산 투어 우승 **96회**

# The Greatest

> 나달의 롤랑 가로스 13번째 우승은
> 우리가 상상할 수 있는 모든 것을 뛰어넘는 것이었습니다.
> 아마도 미래에 누군가 더 나달을 능가할 수도 있겠죠.
> 하지만 적어도 현재까지 모든 스포츠를 통틀어
> 가장 위대한 업적이라고 감히 말할 수 있을 겁니다.

**기 포제** 롤랑 가로스 토너먼트 디렉터

나달이 최고의 선수로 평가받고, 위대한 선수라는 칭송을 듣는 것은
단순히 높은 승률을 기록했고, 많은 우승을 차지했기 때문이 아니다.
나달의 승부에는 다른 선수들에게서 찾아보기 어려운 특별한 감동이 있기에
아직까지 많은 팬들이 그의 경기에 열광하는 것이다. 그의 테니스는
철저하게 땀과 노력, 그리고 투지가 결합된 산물이기 때문이다.
특히 2022년, 36세의 나이에 따낸 두 개의 메이저 타이틀과 그 과정에서
보여준 감동적인 장면들은 오래도록 테니스 팬들의 마음에 남을 것이다.

테니스는 물론 거의 모든 스포츠에서 삼십대는 황혼기를 뜻한다. 운동선수의 신체적 전성기는 대략 20대 초중반으로 알려져 있고, 이때 가장 에너지 넘치고 뛰어난 경기력을 선보인다. 그런데 삼십대 중반으로 갈수록 더 완벽해지는 선수가 있다면 믿겠는가? 그게 바로 라파엘 나달이다.

## 스포츠에서 '10'이 의미하는 바

최고의 축구 명문 클럽 레알마드리드는 2014년 전대미문의
유럽 챔피언스리그 통산 10번째 우승을 달성한다.
스페인 언론에서는 '라 데시마(La decima)'를 달성했다고
추켜세웠다. 라 데시마는 스페인어로 '열 번째'를 뜻한다.
그만큼 특별한, 도달하기 어려운 꿈의 기록이란 의미를
담는다. 레알마드리드가 10번째 유럽 대항전 최고봉에
오르기까지는 무려 60년 가까운 세월이 소요됐다. 1956년
첫 유러피언 컵을 차지한 뒤 2014년 카를로 안첼로티
감독이 이끄는 레알마드리드가 10번째 고지를 정복할
때까지 58년이 걸렸다.
나달이 테니스에서 라 데시마를 달성하기까지 걸린 시간은
12년이었다. 2005년 첫 프랑스 오픈 우승컵을 획득하고
10번째 금자탑에 오른 2017년 롤랑 가로스는 그만큼
기념비적인 대회였다. 의심할 바 없이, 그것은 테니스
역사상 가장 위대한 성취라고 할 수 있었다. 더욱 놀라운 건
라 데시마를 완성한 이후 나달은 4차례나 더 프랑스 오픈

정상에 올랐다는 점이다.
2016년 US 오픈 32강 탈락 때까지만 해도 나달이 프랑스
오픈 라 데시마를 달성할 것이라고 예측한 이는 많지
않았다. 이른바 '아홉수'에 걸린 것이라고 다들 생각했다.
2014년 결승전에서 조코비치를 물리치고 9번째 우승컵을
차지한 이후 2년째 나달은 프랑스 오픈은 물론 4대
메이저 대회에서 더 이상 우승 트로피를 추가하지 못했기
때문이다. 서서히 나이도 서른을 넘긴 나달이었기에 이것은
자연의 법칙에 따른, 자연스러운 퇴조라고 생각됐다.
2016년 10월 하반기 투어 일정을 접은 나달은 똑같이 부상
치료에 전념하고 있던 로저 페더러를 고향 마요르카로
초대했다. 자신의 이름을 내건 '라파엘 나달 테니스
아카데미'의 개장 행사에 일생의 라이벌이자 절친한
동료이기도 한 페더러를 부른 것이다. 운동복 대신
말끔한 정장 차림의 두 레전드가 한 무대에 서서 축사를
주고받았다. 나달과 페더러의 코트 밖에서의 조우는 '선수
끝 무렵'을 맞은 전설들의 마지막 행보로 받아들여졌다.

## 시즌2 화려한 개봉

그런데 이듬해 1월 이들은 놀랄 만한 반전 드라마를 만드는 데 성공한다. 나란히 호주 오픈 결승에 올라 부활에 성공한 것이다. 비록 나달이 결승전에서 로저 페더러의 몰라보게 달라진 백핸드 공격에 고전해 준우승에 그치긴 했지만, 2014년 롤랑 가로스 이후 약 2년여 만에 처음 메이저 대회 결승 진출에 성공하며 '커리어 시즌 2'의 예열을 훌륭하게 마칠 수 있었다.

당연히 나달의 당면 목표는 그가 가장 사랑하는 롤랑 가로스였고 2017년 5월 프랑스 오픈 출격을 위한 모든 준비를 마쳤다. 나달의 테니스는 가히 완벽에 가까웠다. 가장 압도적인 위용을 뽐냈던 2008년 프랑스 오픈 이상의 기량을 보여줬다고 해도 과언이 아니었다. 1회전 프랑스의 브노아 페어를 3-0으로 가볍게 물리친 뒤부터 순식간에 결승전까지 내달렸다. 3회전 니콜라스 바실라시빌리와의 경기에서는 1세트와 3세트 두 차례나 '베이글 스코어'를 내는 괴력을 발휘했고, 준결승전에서 '흙신의 후계자'로

한창 주가를 올리던 도미니크 팀을 3세트 만에 완파하고 결승에 올랐다. 마지막 3세트 스코어는 6-0이었다.
다만 결승전 상대는 세계 3위 스탄 바브린카였다.
바브린카는 2015년 노박 조코비치를 물리치고 프랑스 오픈 정상에 오른 만큼이나 않은 적수였고 나달 못지않게 클레이 코트에서 자신감이 넘쳤다. 그런데 뚜껑을 열어보니 모두가 놀랐다. 나달이 난적 바브린카를 맞아 단 한 차례의 서브 브레이크도 허용하지 않고 3-0 완승을 거두고 우승을 차지했다. 너무도 압도적인 라 데시마 위업의 완성이었다.
나달의 2017년 프랑스 오픈 제패는 라 데시마라는 금자탑을 이룩한 것 외에도 경기 내적으로 분석해볼 가치가 있다. 원래 클레이에서 극강의 위력을 떨치는 나달이지만 이 대회에서 그가 보여준 퍼포먼스는 다시 반복하기 어려운 최고의 경기력에 가까웠다.

### 더 강해진 포핸드

당시 유럽의 테니스 중계 전문 채널인 유로스포츠는 나달의
경기력을 수치와 통계로 분석했다. 유로스포츠가 주목한
부분은 나달의 포핸드 톱스핀 회전량이었다. 이에 따르면
2016년 리우올림픽에서 4위에 그친 나달이 그 대회에서
포핸드 톱스핀 회전량 3,000RPM을 넘긴 비율은 22%에
불과했다. 하지만 2017년 롤랑 가로스에서 이 수치는
77%로 수직 상승했다.

나달의 장기인 포핸드를 활용한 공격 비중도 비약적으로
높아졌다. 나달의 2016시즌 전체에서 포핸드와 백핸드의
비중은 각각 49%와 51%였다. 나달이 한 경기를 치를 때
평균적으로 포핸드를 사용한 횟수가 백핸드보다 적었다는
뜻이다. 하지만 2017 롤랑 가로스에서 나달은 포핸드의
비중을 무려 75%까지 확장시켰다.

더욱 놀라운 통계 수치는 그가 서브권을 가졌을 때
브레이크 포인트를 내준 횟수다. 단 4회에 그쳤다. 총 7차례
5세트 경기를 치르는 메이저 대회에서 서브 브레이크를 단
4번만 허용한 것이다. 코트 표면이 빨라 서브권자가 절대
유리한 윔블던에서도 이러한 수치는 나오기 어렵다. 나달이
가장 완벽한 우승을 차지했다고 평가받아온 2008년 프랑스
오픈 때에도 8차례의 서브 브레이크를 허용한 바 있다.
2010년 프랑스 오픈에서도 나달은 2017년과 마찬가지로
단 한 세트도 빼앗기지 않은 '무실 세트 우승'을 이뤘지만,
서브권을 11차례 빼앗기며 그래도 '인간적인' 면모를
보이긴 했다. 2017년 나달의 우승은 역대 가장 완벽했고
네트 건너편 상대에게는 무자비한 패배를 안겼다.

### 단일 대회 10회 우승의 대기록

나달이 프랑스 오픈을 14회 우승한 지금의 관점에서 라
데시마는 그리 놀랍지 않을 수 있겠지만 나달이 프랑스
오픈을 비롯한 클레이의 주요 대회를 석권한 업적은 테니스
역사에서 쉽게 대체될 수 없는 엄청난 기록이라고 할 수
있다. 사실 나달은 라 데시마를 프랑스 오픈 뿐 아니라
바르셀로나(12회) 몬테카를로(11회) 로마(10회)까지 총
4개의 단일 대회에서 기록했다. 로저 페더러는 바젤과
할레 오픈에서 10회 이상 우승을 기록했지만, 이 두 대회는
마스터스 시리즈보다 한 등급 아래인 500시리즈였다.
조코비치만이 2023년 호주 오픈에서 10번째 우승을
달성할 수 있었다.

# 가장 위대한 테니스 기록 10선
## THE 10 GREATEST RECORDS

10년이면 강산이 변한다고 할 정도의 긴 시간이다. 단일 대회에서 10회 이상의 우승을 의미하는 라 데시마는 그래서 위대한 기록이고 값진 성취였다. 순간의 번뜩임이 아닌 10년 이상 긴 시간의 세례를 받으면서 꾸준하게 정상의 자리를 지킬 수 있었다는 측면에서, 나달의 위대함을 가장 잘 드러내는 상징적인 기록이라고 할 수 있다.

특히 나달의 테니스 인생을 평가할 때 '꾸준함'과 '롱런'이라는 키워드가 갖는 의미는 더욱 크다. 대다수 전문가는 나달의 특출함에 대해 인정했지만, 그 탁월함이 오랜 기간 유지될 것이라고 생각하지 않았다. 플레이 스타일의 한계로 단명할 것이라고 내다봤다. 하지만 나달은 이 모든 전문가들의 이성과 합리에 기반을 둔 예측을 보기 좋게 비웃으며 라 데시마, 그 이상의 기록을 세워나가고 있다. 늘 나달과 비교 대상인 페더러의 꾸준함과 비교해도 나달의 30대 중반까지 이어진 지속적인 톱 플레이어로서의 기량 유지는 괄목할 만한 것이다. 나달은 36세에 이르기까지 세계 랭킹 5위 이내에 흔들림 없이 포함됐을 뿐 아니라, 메이저 대회에서 끄떡없이 우승하는 내구성을 자랑하고 있다.

나달의 라 데시마는 이듬해 '라 운데시마(La undecima: 11번째)'로 이어졌다. 이 경기를 지켜본 국내 테니스 중계방송 캐스터가 내뱉은 말이 인상적이었다. "아마도 또 다시 프랑스 오픈 10회 우승이라는 기록이 나오는 건 불가능할 겁니다. 하지만 프랑스 오픈 11회, 12회 우승의 새로운 기록은 앞으로도 나올 수 있을 것 같습니다."

2017년은 분명 나달의 커리어 시즌 2라고 부를 수 있을 것이다. 이즈음 나달은 31세에 접어들었고, 그의 테니스는 젊었을 때의 폭발적인 파괴력은 다소 줄었을지언정, 젊음의 에너지를 상회하고도 남을 노련함이 곳곳에서 빛을 발하고 있었다.

나달은 2017년 US 오픈에서 우승하며 메이저 통산 우승 기록을 16회로 늘렸다. 이듬해 롤랑 가로스에서도 나달은 결승전에서 도미니크 팀의 강력한 도전을 물리치고 우승 트로피를 가져갔고, 2019년에는 파리와 뉴욕에서 2개의 트로피를 석권하며 메이저 No.19까지 파죽지세로 치고 올라왔다. 처음으로 로저 페더러의 그랜드슬램 통산 최다 우승 기록에 한 개 차이로 근접하게 된 것이다. 클레이 황제를 넘어 역대 최고의 선수로 서서히 나달은 한 계단씩 밟아 올라서고 있었다.

# 테니스에서

반만년 인류 역사에는 구체적인 숫자까지 기억되는 아주 특별한 연도가 있다. 세계사 혹은 국사 시간에 암기를 '강요당한' 연도라고 해야 할까. 임진왜란이 일어난 1592년이 떠오르고 모르면 간첩일 수밖에 없는 2차 대전의 종착역 1945년. 고조선이 건국되었다고 과감하게 주장하는 기원전 2,333년도 평생 기억될 숫자이며, 조지 오웰의 암울한 미래 예언으로 억울한 누명을 쓴 1984년은 필자에게는 LA올림픽과 84 로보트 태권브이가 극장에서 상영된 해로 머릿속에 강렬히 각인되어 있다.

# 오픈 시대란 무엇인가

그렇다면 1968년은 어떨까. 앞서 언급된 숫자 못지않게 격동의 현대사가 압축된 해로 기록된다. 구소련의 체코슬로바키아 침공이 얽혀 있는 프라하의 봄이라는 냉전적 사건을 비롯해, 케네디 미국 대통령과 마틴 루터킹 목사가 나란히 암살당한 암울한 기억들이 떠오른다. 또 68혁명이 발생해 베트남전 반대 운동과 히피 문화 등이 본격적인 지구촌 담론으로 등장한 해였다. 참고로 비틀즈의 최고 명곡 중 하나로 꼽히는 'Hey Jude(헤이 주드)'가 발표돼 빌보드 싱글 차트 9주 연속 1위의 기염을 토하기도 했다.

1968년은 테니스에 얼마나 중요한 숫자인가. 조금 과장해서 말하자면 예수 그리스도가 탄생한 서력기원에 맞먹을 것 같다. 테니스에서 가장 중요한 단 하나의 연도를 택하라고 한다면 1968을 고를 것이다. 왜냐면 테니스 역사 자체가 1968년 이전과 이후로 나뉠 정도로 획기적인 대전환점을 맞게 되기 때문이다.

오늘날 우리는 흔히 테니스 대회를 '○○ 오픈'이라고 부른다. 호주 오픈, US 오픈, 코리아 오픈처럼 말이다. 그 오픈open의 의미는 누구에게나 열려 있다는 뜻이다. 예컨대 나이나 성별, 국적을 이유로 출전이 제한되지 않는다. 그런데 1968년 이전에는 테니스 대회, 특히 가장 권위 있고 규모가 큰 메이저 대회가 모두에게 오픈되지 않고 클로즈 상태로 닫혀 있었다.

1968년까지 테니스 선수는 두 계층, 아마추어와 프로로 나뉘어 있었다. 현대 테니스가 태동한 19세기 말에는 누구나 아마추어 테니스 선수였다. 하지만 테니스 인기가 올라가고 훨씬 많은 선수들이 국제무대에서 활약함에 따라 테니스의 가치가 올라갔고, 여기서 프로 선수들이 탄생했다.

프로 선수들은 개인적인 후원업체의 든든한 자금 지원을 받을 수 있었고, 국가 테니스협회가 아닌 사설 업체가 창설한 돈이 걸린 대회에 출전해 상금으로 먹고 살 수 있었다. 아마추어에서 일정 정도 활약이 검증되면 프로로 전향하는 것이 특출한 선수들의 진로였다. 반면에 아마추어 선수는 상금도 없었고, 후원업체의 자금 지원도 받을 수 없었다. 오로지 '국가' 테니스협회의 진두지휘 하에 데이비스컵 등 국가 대항전이나 아마추어 대회에만 출전해 돈보다는 명예가 주어지는 삶을 살아야 했다.

그런데 문제가 발생했다. 아마와 프로를 통틀어 가장 선망의 대상인 그랜드슬램 대회에 프로 선수들은 출전할 수 없는 원칙이 있었다. 딜레마였다. 생계를 위해 테니스로 돈을 벌고 싶지만 프로 전향했다가는 그랜드슬램 출전이란 영예를 포기해야만 하는 상황이 수십 년간 지속됐다.

현대 테니스 전설 중의 전설로 꼽히는 로드 레이버가 이 '아마추어 같은' 제도의 최대 피해자였다. 아마추어 무대에서 적수가 없던 로드 레이버는 1962년 4대 메이저 대회를 한꺼번에 정복하는 꿈의 캘린더 그랜드슬램을 달성했다. 하지만 돈을 벌고 싶은 레이버는 이듬해 프로 전향을 선언했다. 그래서 로드 레이버는 1963년부터 그랜드슬램 대회에 출전할 수 없었고, 더 이상 메이저 승수를 쌓지 못했다. 최고의 선수를 최고의 무대에서 볼 수 없다는 사실에 테니스 관계자들은 물론 팬들도 아쉬워했다.

게다가 이로 인한 부작용도 심각했다. 아마추어 선수들의 프로 전향을 막기 위한 각국 협회의 꼼수까지 더해졌다. 아마추어 선수들에게 뒷돈을 쥐어주며 선수들을 붙잡는 사례가 여러 국가에서 암암리에 성행했다. 순수하지 않은 아마추어라는 뜻에서 창피함Shame이 앞에 덧붙여진 '섀머추어리즘shamateurism'이라는 비판이 공공연하게 제기됐다.

거듭된 위선으로 한계 상황에 봉착한 국제 테니스계는 결단을 내렸다. 1968년 3월 30일이었다. 국제잔디테니스연맹ITLF은 그랜드슬램 대회에 아마추어 뿐 아니라 프로에게도 문호를 개방하는 '오픈 시대'의 개막을 선언했다. 그리고 4월. 역사적인 첫 오픈 대회가 영국 본머스에서 열렸다. 시작부터 흥미로운 일이 벌어졌다. 영국의 아마추어 선수인 마크 콕스가 두 명의 프로페셔널을 제압하는 이변을 일으켰다. 이변의 희생양 로이 에머슨과 판초 곤잘레스는 1960년대 자타공인 최강의 프로들이었다.

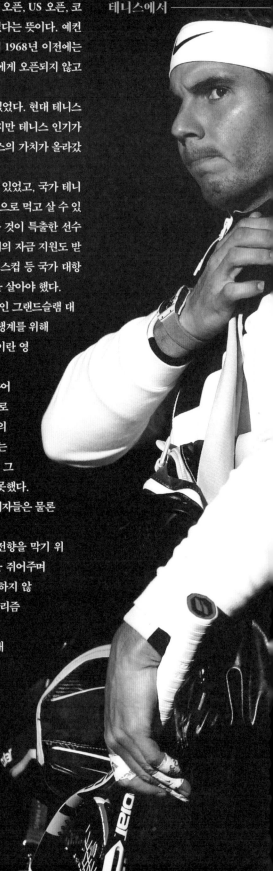

오픈 시대가 활짝 열린 이후 첫 번째 오픈 메이저 대회 개최의 행운은 롤랑 가로스에 주어졌다. 호주의 켄 로즈웰이 오픈 시대 첫 메이저 챔피언의 영광을 차지했고, 뒤이어 윔블던에서 로드 레이버가 바통을 이어받았다.

돈과 명예를 동시에 거머쥘 수 있게 된 테니스 최고수들은 신이 났다. 각종 상금이 걸린 투어 대회 출전은 물론 품격과 권위의 그랜드슬램까지 마음껏 출전해 의미있는 기록을 만들어내기 시작했다. 탄력받은 로드 레이버는 1962년부터 1968년까지는 그림의 떡에 불과했던 메이저 대회 트로피를 이후 무섭게 수집, 1969년 오픈 시대 이후 처음으로 한해 4대 메이저 대회를 연속 석권하는 캘린더 그랜드슬램의 주인공이 됐다.

엄밀히 말하면 1968년까지 메이저 대회에서 나온 우승 기록은 반쪽에 가까운 것이었다. 하지만 오픈 시대 개막 이후는 다르다. 진정한 현대 테니스의 기록으로 대접받을 수 있게 됐다. 그래서 최근 현역 선수들이 세우는 각종 대기록들은 1968년 이전과 직접 비교하지 않는 것이 상례다. 예를 들어 초창기인 1880년대 무려 7차례 윔블던 우승 트로피를 들어 올린 영국의 윌리엄 랜쇼의 기록에 2012년 로저 페더러가 동률을 이뤘다고 해도, "페더러가 드디어 랜쇼의 기록과 타이를 이뤘습니다"라고 뉴스 앵커가 흥분하며 말하지는 않는다.

여기서 한 가지 흥미로운 토론 주제를 잠깐 언급하고 지나가자. 오픈 시대 이전과 이후 양쪽에서 대기록을 세운 주인공들을 어떻게 테니스 역사에서 평가할 것인가의 문제다. 과연 로드 레이버는 어떤 선수로 평가되어야 할까?

레이버는 남자 테니스에서 유일하게 캘린더 그랜드슬램을 두 번 달성한 인물이다. 하지만 한번은 오픈 시대 개막 전인 1962년이었다. 이 그랜드슬램은 반쪽이기 때문에 평가절하되는 것이 맞는 것일까? 사실 1962년이면 레이버를 힘과 체력에서 압도했다란 평가가 지배적인 판초 곤잘레스의 전성기 시절이었다. 곤잘레스는 당시 프로여서 메이저 대회 출전이 금지됐다. 곤잘레스가 출전했다면 레이버가 4연속 메이저 우승을 달성하기 결코 쉽지 않았을 것이다. 다만 레이버의 위대함을 부각시킬 수 있는 측면도 있다. 레이버는 프로 전향한 1963년~67년까지 5년간 메이저 대회에 출전하지 못했다. 만약 그 기간 레이버가 아마추어 신분을 유지해 메이저 대회를 계속 석권했다면? 아마도 페더러와 나달, 조코비치가 나눠가진 역대 최다 그랜드슬램 우승 트로피의 타이틀은 아직도 레이버의 몫이었을 가능성도 있다.

1968년은 현대 프로테니스의 출범을 가져온 혁명적인 해였다. 이때부터 테니스는 비로소 글로벌 스포츠 이벤트로 도약할 수 있었다. 이미 프로화의 길을 걸은 국제 스포츠, 예컨대 축구와 메이저리그, 복싱 등에 뒤쳐져 있던 테니스는 빠르게 진도를 따라잡았다. 그 결과 메이저 테니스 대회의 남녀 상금 규모는 개인 종목에 있어서는 골프조차 따라올 수 없을 정도로 엄청난 규모의 메가 스포츠로 자리매김했다.

인류는 예수의 탄생 이후로 역사가 바뀌었다. 근대 스포츠는 1896년 올림픽 개최 이전과 이후로 나뉜다. 테니스의 진정한 역사적 분기점은 모든 이에게 활짝 문을 열어젖힌 1968년이었다. 테니스 팬이라면 결코 잊을 수 없는 숫자, 바로 1968이다.

# 02

# 나달의 비밀 병기

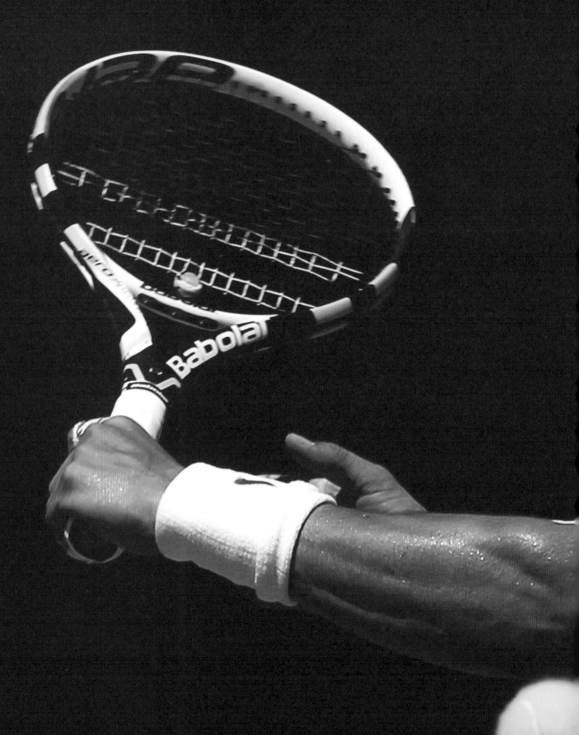

나달은 페더러와 함께 가장 인기가
높은 글로벌 테니스 홍보대사다.
나달의 테니스에는 뭔가 특별한 구석이
있다. 스트로크를 칠 때마다 내지르는
괴성. 아놀드 슈왈제네거를 떠오르게
하는 이두근, 뛰어도 뛰어도 지치지
않는 에너자이저 같은 체력. 나달의
무기고에는 최강이 될 수 있는 화력
넘치는 병기들이 가득 쌓여 있다.

## 나달은 왜 괴성을 내지를까

'테니스 요정', '테니스 여신'으로 잘 알려진 마리아
샤라포바가 2004년 코리아 오픈 출전을 위해 방한한 적이
있다. 당시 17세의 나이에 세리나 윌리엄스를 물리치고 첫
윔블던 우승을 차지해 세계적인 스타로 급부상했을 때였다.
스포츠 신문 1면에 대문짝만하게 실린 기사 제목은 "요정의
괴성"이었다.

테니스 선수들은 모두가 그렇지는 않지만, 스트로크 칠
때 혹은 서브를 넣을 때 커다란 기합 소리를 낸다. 괴성의
원조는 1970년대 저명한 스타인 지미 코너스로 알려져
있고, 샤라포바 출현 이전에 이미 1980년대 말 십대
소녀로 혜성처럼 등장한 모니카 셀레스가 강력한 사운드를
자랑하는 것으로 알려져 있다.

여자부에 샤라포바 혹은 빅토리아 아자렌카가 코트에
쩌렁쩌렁 울려 퍼지는 괴성의 대명사 격이라면, 남자부에는

단연 이 책의 주인공 라파엘 나달이 리스트 맨
꼭대기에 있을 것이다. 나달이 서브와 포핸드 타격 시
내지르는 괴성은, 그의 은은한 코맹맹이 소리와 함께
섞여 테니스 코트에 중독성 있는 독특한 사운드를
선물한다.

그런데 여기서 한 가지 짚고 넘어갈 만한 지점은
테니스 경기에 있어서 괴성을 내지르는 것이 실제
경기력 향상에 도움이 된다는 연구 결과가 있다는
점이다. 기합을 넣어가며 스트로크를 때리면 파워가
조금 더 실릴 뿐 아니라, 심리적인 효과도 배가된다.
미국의 저명한 테니스 지도자인 닉 볼리티에리는
"테니스를 칠 때 소리를 지르면 심리 그리고
육체적인 긴장감을 해소할 수 있다"고 주장했다.
여기에는 조금 더 과학적인 접근도 가능하다. 실제로
대부분의 프로 선수들은 네트 건너편 상대가 공을
때릴 때 울려 퍼지는 타격음의 강도를 듣고 그
스트로크의 세기를 판별한다. 괴성을 지르게 되면 이
소리를 감출 수 있어 상대가 자신의 샷을 파악하는 걸
조금이라도 방해할 수 있다는 논리다. 이처럼 뚜렷한
이점 때문인지 나달은 커리어 내내 자신의 괴성을
전혀 포기하지 않았다.

속도를 높일 수 있도록 라켓 헤드 윗면의 무게를 조금 더
늘려줄 것을 요청했다.

'퍼펙트 테니스'라는 온라인 테니스 사이트의 한 분석
전문가는 "나달의 최신 라켓은 27인치 길이에 100평방미터
넓이의 라켓 면을 갖추고 있고, 무게는 페더러나
조코비치보다 다소 가벼운 343그램을 유지한다. 그립
사이즈는 4.25인치이며 라켓 줄을 구성하는 스트링은
16곱하기19 패턴을 선호하고 있다"고 밝혔다.

여기서 나달의 라켓 손잡이인 그립 사이즈에 다소 주목할
필요가 있다. 4.25인치는 비교적 얇은 편에 속하는데
이유가 있다. 오직 컨트롤을 위한 목적이다. 나달은 「GQ」
매거진과 인터뷰에서 "내가 작은 그립 사이즈를 선호하는
이유는 컨트롤 때문입니다. 큰 그립을 쥘 때보다 더 많은
스핀을 만들어낼 수 있습니다"라고 밝혔다.

## 괴물 톱스핀의 비결

나달표 테니스의 테크닉 정수는 역시 톱스핀에 있을
것이다. 그는 데뷔 때부터 한결같은 브랜드의 테니스
라켓을 사용해왔다. 글로벌 테니스 라켓 제조업체인
'바볼랏(Babolat)'을 사용했는데, 이 라켓의 가장
뚜렷한 특장점은 다량의 스핀을 만들어낼 수 있다는
점이다. 2004년 나달의 톱스핀을 비약적으로
향상시키기 위해 제작한 '에어로' 모델은 라켓 헤드
스피드를 높일 수 있어 공에 더 많은 회전을 가미할
수 있었고, 나달과 같은 헤비 톱스핀 게임을 구사하는
선수에게 완벽한 기술적 유리함을 제공했다.

라켓 헤드 스피드를 높이는 건 프로 뿐 아니라
동호인 레벨에서도 중요한 핵심적 기술이다. 보통
일반의 상식으로 빠른 공을 치려면 라켓에 힘을 많이
실어야 한다고 생각하기 쉽다. 하지만 실제로 공의
속도를 좌우하는 건 힘을 많이 싣는 것이 아니라,
라켓을 빠르게 휘두르는 것이다. 물리학 공식이
증명한다. 운동에너지=$\frac{1}{2}mv^2$. 즉 운동 에너지는
질량(m)보다는 속도(v)에 의해 더 커질 수 있다.
톱스핀의 왕 나달은 스윙 속도를 높이기 위해 라켓에
인위적인 장치를 더 추가하기도 한다. 2011년 나달은
수비에서 보다 공격적인 스타일로 바꾸는 결단을
내렸는데, 그래서 나달은 바볼랏 회사에 라켓의 스윙

## 헐크 같은 몸

나달의 몸은 실제 경기장에서 보면 TV 화면에서보다
더 거대해 보인다. 다른 일반적인 테니스 선수들에 비해
훨씬 근육량이 많기 때문일 것이다. 특히 나달이 라켓을
잡는 왼팔 근육은 전문 보디빌더에 가까울 정도로 두껍고
단단하다. 나달의 피지컬 트레이닝의 구체적인 내용은
철저한 비밀이지만, 어릴 때부터 삼촌 토니 나달과 함께
혹독한 훈련을 통해 몸의 근육을 키워온 건 공공연한
사실로 알려져 있다. 나달은 자신의 육체 단련에 대해
이렇게 밝힌 적이 있다.

- - - - - - - - - - - - - - - - - - - - - - - - - - - - -

나달의 훈련법 가운데 한 가지 공개된 건 테니스 시합의
리듬에 발맞춘 인터벌 트레이닝이다. 나달은 실내 자전거를
타며 유산소 운동을 할 때, 모니터 화면으로 자신의 실제
경기 모습을 시청한다. 그래서 랠리 상황에서는 빠르게
자전거 페달을 돌리고 포인트가 마무리되면 속도를 늦추는
식의 훈련을 반복한다. 연습은 실전처럼, 실전은 연습처럼
하는 위대한 챔피언다운 모습이다.
그러나 뭐니 뭐니해도 메이저 최다 우승 타이틀 보유자
나달이 갖고 있는 최종 병기는 그를 둘러싼 막강한 코칭
스태프에 있을 것이다. 2017년까지 나달과 환상의 호흡을
맞춘 토니 나달이 2선으로 물러난 지금, 그의 곁에는
삼촌보다 더 전문성과 카리스마를 갖춘 최상의 코치진이
보좌한다.

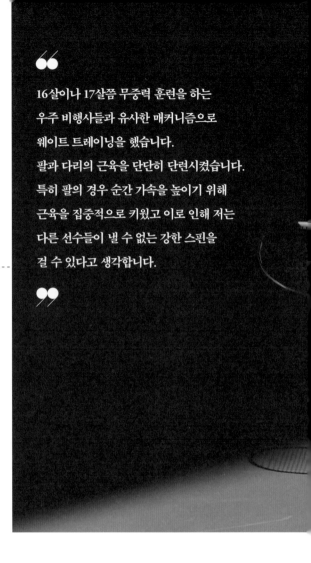

" 16살이나 17살쯤 무중력 훈련을 하는
우주 비행사들과 유사한 매커니즘으로
웨이트 트레이닝을 했습니다.
팔과 다리의 근육을 단단히 단련시켰습니다.
특히 팔의 경우 순간 가속을 높이기 위해
근육을 집중적으로 키웠고 이로 인해 저는
다른 선수들이 낼 수 없는 강한 스핀을
걸 수 있다고 생각합니다. "

## 드림팀 코치진

1999년 세계 랭킹 1위까지 올랐고 나달이 프로페셔널의
길을 선택할 무렵 스페인 넘버원 플레이어였던 카를로스
모야가 수석 코치를 전담하고 있고, 모야보다 앞서 나달을
오랜 기간 지켜본 프란시스 로이그 코치가 뒤를 받치고
있다.
여담이지만 토니 나달과 2017년 결별은 스페인
미디어에서는 파장이 큰 이슈였다. 의외로 우발적
계기로 세상에 알려졌다. 토니 나달이 그해 2월 헝가리
부다페스트에서 열린 테니스 코치 컨퍼런스에 참석해
있었는데, 이탈리아 스포츠 기자 한 명이 우연히 그와
사석에서 인터뷰할 기회를 잡았다. 그런 가운데 토니
나달의 입에서 '결별'이란 단어가 나왔고 이것이 세상에
알려지게 된 것이다.

훗날 알려진 바에 의하면, 나달은 일정 시점 이후부터
삼촌과 헤어짐을 염두에 두고 있었다. 하지만 예의바른
나달이 그 생각을 입 밖에 내기가 여간 부담스러운 일이
아니었다. 시간이 흘러 토니가 조카의 심중을 헤아렸고,
조카의 입으로 삼촌을 해고하는 좋지 않은 모양새가 나오는
것을 막고자 먼저 입을 연 것이다.
함께 무려 15개의 메이저 트로피를 수집한 토니 나달이
물러났지만, 나달의 테니스는 마치 봉인에서 벗어난 것처럼
더욱 만개하기 시작했다. 모야와 로이그가 추구하는
키워드는 '효율'과 '공격성'이었다. 나달의 서브 모션을
바꾸는 게 작업의 첫 출발점이었다. 나달은 기존에 무릎을
많이 구부린 상태에서 서브 와인드업을 시도했는데, 무릎
사용의 비중을 줄이고 대신 몸통 회전을 조금 더 많이
가져가는 방식으로 변화를 줬다. 그 결과 서브 게임에서

효율성이 증대됐다. 나달이 무릎을 덜 굽히게 되면서 서브 뒤 3구 준비 동작을 더 빠르고 간결하게 할 수 있게 됐다. 이 무렵 나달의 서브 + 포핸드 공격 방정식은 완성도가 더욱 높아졌다.

## 테크닉의 달인

2017년 나달이 제2의 전성기를 맞게 될 무렵, 그의 테크닉은 더 이상 수비 지향적 혹은 클레이 스페셜리스트라는 기존 별칭이 무색할 만큼 '올라운더'에 가까워졌다. 포핸드에 비해 약점으로 지적된 백핸드의 공격성이 훨씬 강화됐고, 나달이 20대 시절 거의 사용할 필요조차 느끼지 못했던 네트 플레이와 서브 & 발리 기술까지 장착했다.

이 모든 변화가 가리키는 방향은 득점 과정의 간결성에 있었고, 포인트를 과거처럼 오래 끌지 않고 속전속결로 마무리하는 능력을 극대화할 수 있었다. 그가 2019년과 2022년 다닐 메드베데프라는 새로운 강적을 하드 코트 메이저 대회에서 연파할 수 있었던 비결은, 상황에 따라 구사할 수 있는 전략이 다양해졌고, 이 전략을 언제라도 구사할 수 있을 정도로 완성도가 높아진 기술 덕분이었다. 나달은 삼십대 중반을 넘어서까지 메이저 대회 우승 후보 1순위로 각광받고 있다. 이는 2005년 그가 갓 프랑스 오픈 정상에 올랐을 때 아무도 예상 못한 일이다. 이렇게 나달이 오랜 기간 롱런할 수 있었던 까닭은 따지고 보면 끊임없이 자신의 기량을 돌아보는 성찰과 이를 통해 더 높은 기준점까지 오르려는 부단한 자기 혁신에 있었다. 이것이 위대한 챔피언의 가장 큰 자질임은 두 말할 나위가 없다.

우리나라에서 테니스 하면 떠오르는 기업으로 KIA를 빼놓을 수 없을 것이다. 글로벌 자동차 브랜드인 KIA는 테니스를 통해 두 가지 면에서 소위 '대박'을 쳤다. 첫 번째는 매년 1월 열리는 메이저 대회인 호주 오픈의 메인 스폰서를 꿰찼다는 점이다. 2002년 첫 후원을 시작으로 2023년까지 재계약을 맺어 총 22년간 호주 오픈의 얼굴로 온 세상에 KIA라는 이름을 알리고 있다. 글로벌 홍보 효과는 만점에 가까워, KIA에 따르면 2017년 홍보 효과는 무려 5억 1천만 달러에 이른다고 한다. 그러나 KIA가 진정한 대박을 터트린 사건은 2004년 당시 떠오르는 신예 라파엘 나달과 장기 후원 계약을 맺은 것이다. 테니스는 물론 전 종목을 걸쳐 유례를 찾을 수 없는 '의리의 계약'으로 소문이 자자하다.

우선 KIA가 평가받는 부분은 당시 나달과 처음 계약을 맺을 때 불확실성이 적지 않았다는 점이다. 2004년은 이 책의 앞에서 기술했듯 나달 커리어에 커다란 위기가 찾아왔을 때였다. 치명적이고 고질적인 발 부상이 확인돼 어쩌면 테니스 라켓을 더 이상 잡을 수 없을지도 모르는 상황에서 맺은 모험에 가까운 후원 계약이었다.

결과적으로 KIA의 과감한 선택은 축복이 되어 돌아왔다. 나달은 KIA의 후원에 감동한 나머지 이후 약 20년 동안 흔들림 없는 우정을 과시했다. 나달이 국제 테니스계의 슈퍼스타로 급부상했을 때도 수많은 굴지의 글로벌 자동차 회사의 유혹을 뿌리치고 KIA와의 파트너십을 유지한 것이다.

나달은 스폰서 KIA의 은혜에 보답하기 위해 2013년 기념 방한을 한 적 있었는데, 당시 기자들과 테니스 동호인들을 상대로 나달이 보여준 품격 높은 태도와 겸손한 자세로 칭찬이 자자했다. 또 당시 청 세계적인 주니어 덕희 선수를 직접 한 감동을 남겼 각 장애를 딛고 선수로 성장한 이 만나 격려해 훈훈 의 우정이 빛나는 다. 나달과 KIA 남자 테니스의 새 스폰서십은 그가 절정에 달했다. 역사를 썼을 때 2022년 호주 오

모든 자원봉사자들을 포함해 제가 오늘 이 자리에 설 수 있도록 도와준 모든 이들을 잊지 않겠습니다. 특히 저의 개인 스폰서인 KIA, 제가 테니스를 시작했을 때부터 후원해준 것에 대해 정말 감사합니다.

픈에서 다닐 메드베데프를 물리치고 최초로 메이저 21회 우승을 달성했을 때, 그는 우승 소감에서 딱 한 곳의 후원사만 언급했다.

2004년 계약을 맺을 때 이런 날이 오리라고 과연 KIA의 마케팅 담당 책임자는 상상이나 했을까? 나달과 KIA의 행복한 동행은 정과 의리를 신념처럼 여기는 나달의 개인적 성향이 아니었다면 쉽게 지속되지 못했을 것이다. 나달은 어떻게 보면 동양인들과 잘 맞는 심성을 갖고 있는 듯 보인다. 한번 맺은 인연을 소중히 여기고 바꾸지 않는다.

나달과 후원 계약을 맺은 글로벌 브랜드의 면면을 살펴보자. KIA 외에도 나이키와 바볼랏, 스페인 금융업체인 산탄데르 그룹, 고급 시계 제조업체인 리차드 밀, 네덜란드 맥주회사인 암스텔 등등이 있다. 이들은 오랜 기간 나달과 상호 신뢰 관계 속에 후원을 아끼지 않고 있으며 특히 나이키와 바볼랏

등 스포츠 용품 회사들은 지속적으로 장기 계약을 이어가고 있다. 나이키의 경우 로저 페더러와의 후원 계약을 선수 말년에 끊었지만, 나달과는 더 오랜 기간 굳건한 관계를 유지하고 있다. 이는 나달의 선비적 성향과도 연결지어 해석이 가능하다. 나달은 돈 욕심이 없다. 솔직히 나달이 테니스를 통해 부가적인 금전 이익을 챙기고자 한다면 얼마든지 충분히 가능하지만, 미국 경제지 「포브스」가 매년 발표하는 스포츠 백만장자 리스트에 나달의 이름은 기대와 달리 그다지 높은 순위에 올라 있지 않다.

## 제 스폰서 회사 기아 차만큼 좋진 않네요.

__나달이 대회에서 상품으로 메르세데스 벤츠를 받은 뒤 SNS에 남긴 말

제가 돈을 얼마나 많이 버는지 솔직히 잘 모릅니다.
돈을 우습게 본다는 뜻이 아니고,
별로 신경을 쓸 필요가 없다는 말입니다.
제가 알고 있는 건, 테니스를 잘 치면 돈에 있어서
문제될 일이 없다는 정도입니다.

스페인 선수들 가운데 제 스마트폰이 가장 낡았을 겁니다.
사람들이 놀리기까지 했으니까요.
저한테 중요한 건 휴대폰이 잘 작동되는 것뿐입니다.
제가 사용하지도 않는 초현대식 기능들은
있을 필요가 없다고 생각해요.
어떤 부류의 사람들은 해변에서 코카콜라를 마실 수 있으면,
그게 행복이라고 생각하는데 제가 그렇습니다.
다른 사람들은 페라리 차를 몰거나
개인 제트기를 사야 행복할 수도 있죠.
각자의 삶이 있습니다.

__『라파엘 나달: 클레이의 마스터』中

이 지점에서 나달이 다른 프로페셔널 스타들과 차별점이 나타난다. 스타덤에 오른 선수들은 대부분 세금 천국을 찾아 헤맨다. 세계 최고 부자 동네인 모나코에 스포츠 스타들이 모여드는 이유는 절세를 위해서다. 조코비치와 메드베데프, 치치파스와 즈베레프 등 현역 스타들은 일 년 내내 기후가 온화하고 세금을 덜 내는 모나코에 거주한다. 하지만 나달은 태어나서 지금까지 마요르카 섬을 떠난 적이 없다. 스페인은 스포츠 선수들에게 높은 세율을 부과하는 것으로 악명이 높지만 나달은 지금 자신을 만들어준 고국에 대해 감사하기 때문에, 기꺼이 천문학적인 세금을 낸다.

나달이 가진 돈에 대한 생각은 2008년 출간된 『라파엘 나달: 클레이의 마스터』라는 책에 기술된 그의 인터뷰에서 엿볼 수 있다. 나달은 돈을 벌어 자본주의적 명품 생활을 영위하기보다, 자신이 좋아하고 뜻 깊은 곳에 쓰고 싶어 하는 욕구가 뚜렷하다. 2010년 그는 레알마드리드 축구팀의 대주주가 됐고, 어머니와 함께 설립한 재단을 통해 스페인과 인도, 미국 등지에서 자선 사업을 계속해오고 있다. KIA 자동차가 추구하는 이미지는 젊고 역동적이고 효율적이지만, 화려하고 사치스러운 고급 세단과는 다소 거리가 있다. 나달의 삶도 비슷하다. 고급 차로 갈아탈 수도 있지만 끝까지 검소하면서 젊음의 초심을 유지하는 인생관을 견지한다. 이래저래 궁합이 너무도 잘 맞는 파트너십이다.

포브스 선정 2022년 테니스 선수 최고 수입

| | | |
|---|---|---|
| 1 | 로저 페더러 | $9,000만 |
| 2 | 나오미 오사카 | $5,620만 |
| 3 | 세리나 윌리엄스 | $3,510만 |
| 4 | 라파엘 나달 | $3,140만 |
| 5 | 노박 조코비치 | $2,710만 |
| 6 | 에마 라두카누 | $2,110만 |
| 7 | 다닐 메드베데프 | $1,930만 |
| 8 | 케이 니시코리 | $1,320만 |
| 9 | 비너스 윌리엄스 | $1,200만 |
| 10 | 카를로스 알카라스 | $1,090만 |

TOP10

# 나달의 러브 스토리

**COLUMN** 스페인은 유럽에서도 손꼽히는 스포츠 강국이다. 일단 프리메라리가라는 세계 최고의 프로축구 리그가 있다. 레알마드리드와 FC바르셀로나가 대결하는 엘클라시코는 축구 문외한들도 한 번은 꼭 봐야 하는 '스포츠 버킷리스트' 가운데 하나다. 국제 자동차 경주 포뮬러원에서도 두각을 나타내는 스타들을 많이 보유하고 있으며 골프와 농구, 투르드프랑스에 출격하는 사이클 선수들도 있다. 별들의 이름을 열거해보자. 2010년 남아공 월드컵 우승을 차지한 축구 스타들, 이를테면 차비 에르난데스와 안드레 이니에스타, 그 이전 세대부터 세계적인 스트라이커로 군림한 라울 곤잘레스가 떠오른다. 골프에서는 세르히오 가르시아와 존 람, 미구엘 앙헬 히메네스가 있고 포뮬러원 자동차 경주에는 페르난도 알론소라는 위대한 챔피언을 보유한 국가가 스페인이다. 이 가운데 스페인 국민들이 가장 자랑스러워하는 최고의 스포츠 선수는 누구일까. 2020년 스페인의 유력지 「마르카」는 설문 조사를 벌였다. 제목이 '스페인의 GOAT 전쟁'이었는데, 16강 토너먼트로 진행해 한 명씩 탈락해 최후의 1인만 살아남는 방식의 설문 조사였다. 1위를 차지한 스페인 최고의 스포츠 스타 이름은 바로 라파엘 나달이었다. 물론 이 조사는 2020년 나달이 페더러의 메이저 통산 최다 우승 기록과 동률을 이룬 직후였다는 점을 감안해야 한다. 나달의 대선배인 스페인 국적의 테니스 선수 알렉스 코레차는 나달이 2020년 스무 번째 메이저 타이틀을 획득한 직후 한 언론과 인터뷰에서 그의 후배가 얼마나 국민적 영웅인가를 이렇게 설명했다.

> 나달의 승리는 우리 모두의 승리로 받아들여집니다.
> 스페인 국민에게 나달이 어떤 의미인지를 요약하기는 쉽지 않습니다만,
> 제게 있어 나달은 역대 최고의 스포츠 선수이며
> 다른 모든 이들의 압도적인 존경을 받고 있습니다.
> 그가 운동할 때는 기계 같지만 제가 알고 있는 나달은 한 명의 인간입니다.
> 나달의 테니스는 화산에서 솟구쳐 나오는 용암 같고
> 그의 몸은 강철처럼 보이지만 동시에 매우 섬세한 사람이기도 합니다.

그렇다면 스페인이 가장 사랑하는 한 남자의 사랑을 독차지하고 있는 행운의 주인공은 누구일까. 나달의 팬이라면 어렵지 않게 이름은 물론 생김새까지 콕 집어 묘사할 수 있을 것이다. 늘 테니스 코트 위에서 큰 도전을 앞두고 있을 때 조마조마, 두근두근 심정으로 나달의 승리를 기도하는 반려자, 마리아 프란시스카 페렐로이다. 나달과 그의 가족들이 '메리Mery'라는 애칭으로 부르는 그녀는 나달의 가족석을 반짝반짝 빛내주는 보석과도 같은 존재다. 나달이 메리를 처음 만난 건 여동생의 소개에 의해서였다. 마요르카 섬 부동산업자의 딸로 태어난 그녀는 나달의 여동생인 마리벨을 천주교 학교에서 만나 절친한 친구 사이가 됐다. 마리벨의 증언에 의하면 나달은 수줍음 많은 청년이었고, 여자친구라고는 일평생 단 한 명밖에 없었다. 바로 메리였다. 2019년 나달은 드디어 메리와 사랑의 결실을 맺을 수 있었다. 마요르카의 북쪽 해안가의 성에서 작고 소박한 결혼식을 올렸다. 초청 하객 명단은 200명 정도에 불과했고 나달이 테니스 동료를 초청한 건 그와 국가대표팀에서 한솥밥을 먹었던 다비드 페레르와 펠리시아노 로페즈, 후안 모나코 정도로 한정됐다. 메리는 나달의 오랜 여자 친구로 있으면서 조용한 내조에 힘썼다. 그녀가 공개적으로 언론과 인터뷰한 적은 거의 찾아볼 수 없다. 대학에서 경영학을 전공한 메리는 지금은 남편의 자선 재단을 운영하는 데 힘을 보태고 있다. 나달의 성공 스토리에 그의 가족사가 빠질 수 없듯, 메리의 존재 역시 성공의 기반이 됐다. 화려하지는 않지만 조용히 나달에게 힘을 불어넣었고, 결혼 이후에도 나달의 테니스에 대한 집중력은 작은 흔들림조차 없었다. 나달 역시 이를 충분히 인식하고 있다.

> 우리는 아주 어릴 적부터 만나 서로를 누구보다 잘 이해하고 있습니다.
> 메리는 저를 안정시켜 주는 존재입니다.

# 03

# 마침내 페더러를 넘어서다

나달의 프로 경력에서 페더러는 늘 먼발치에 앞서 있는 존재였다. 부와 명예,
팬들의 사랑도 언제나 페더러가 먼저였다. 극복의 대상을 마침내 넘어섰을
때 나달은 기뻐했다. 하지만 나달은 거기서 멈추지 않았다.


## 2020년 '20'을 달성하다

코로나19 팬데믹에 가장 직격탄을 맞은 스포츠 가운데 하나는 테니스였다.
테니스 대회의 기본 명칭인 '투어'를 떠올려보자. 전 세계 곳곳의 도시에서
열리는 대회를 선수들은 일종의 여행, 출장 개념으로 참가하게 되는데,
코로나로 인해 국가 간 이동이 엄격히 제한되면서 테니스 투어
대회는 취소되거나 상황이 좋아질 때까지 잠정 연기됐다. 전통의
윔블던마저 2차 세계 대전 이후 처음으로 열리지 못했다.
이런 상황에서 나달이 2020년 프랑스 오픈 우승 트로피를
추가하면서 자신의 메이저 타이틀 No.20을 달성한
건 하늘의 뜻이라고 해석하고 싶다. 프랑스 오픈은
코로나19가 급속히 확산되자 일찌감치 대회 개막을
기존 5월에서 10월로 연기하는 방침을 결정했고,
빠르게 이를 추진해 윔블던의 비극적 운명을
피할 수 있었다. 이것은 전년도 US 오픈
결승에서 메드베데프를 풀세트 접전 끝에
꺾고 로저 페더러의 메이저 최다 우승
기록을 턱밑까지 추격한 나달에게
일생일대의 기회였다.

하지만 2020년 프랑스 오픈은 개최 시기가 바뀌었듯 모든 것이 뒤죽박죽이었고 예측 불가의 불확실성이 지배하고 있었다. 일단 10월의 쌀쌀한 날씨가 변수였다. 5월 말에서 6월 초에 열리는 프랑스 오픈은 짓궂게 비가 내리는 경우는 많아도 초여름의 뜨거운 햇살 속에 열린다. 습도가 낮고 건조한 기후가 형성되는데 10월과 많이 다르다. 게다가 결승전 당일 비까지 내렸다. 이렇게 되면서 2020 프랑스 오픈 결승전은 역사상 최초로 이동식 지붕이 닫힌 상태로, 즉 실내 클레이 코트 대회로 열릴 운명이었다.

여기에 대한 전문가들의 해석은 대체적으로 나달에게 유리함보다는 불리함이 압도적으로 많았다. 10월의 쌀쌀한 날씨 속 실내에서 열리는 이 대회는 나달의 장기인 포핸드의 회전량과 속도를 크게 저하시킬 것이라는 예상이 지배적이었고, 이는 반대로 결승전 상대인 조코비치에게 유리한 조건으로 해석되었다. 그러나 이 모든 호사가들의

해석은 프랑스 오픈에 얽힌 나달의 단 한 가지 절대 법칙에 의해 무너질 운명이었다. '나달의 프랑스 오픈 우승은 과학이다.'

프랑스 오픈의 메인 경기장인 필립 샤트리에 코트에서 나달이 지난 15년간 미스터리한 힘을 발휘했음을 간과한 분석이었다. 결승전이 시작되자 나달은 성난 황소처럼 사납게 조코비치를 몰아치기 시작했다. 실내 하드 코트에서 위력이 반감되리라고 예상한 나달의 포핸드 스트로크는 신들린 듯 조코비치 쪽 코트 구석을 강타했고, 연이어 위너 득점이 터져 나왔다. 조코비치는 정신을 차릴 틈도 없이 1세트 스코어 6-0의 처참한 결과를 받아들여야 했다. 2세트 들어서도 상황은 크게 변하지 않았다. 나달은 힘으로 조코비치의 온갖 기술들을 무력화시켰다. 6-2로 2세트마저 따내 우승의 8부 능선을 넘은 순간. 세계 랭킹 1위 조코비치의 마지막 거센 반격이 시작됐지만, 이미 승부는

기운 뒤였다. 3-0 완승을 거두고 들어 올린 프랑스 오픈 13번째 우승 트로피. 그리고 이보다 더 중요한, 메이저 통산 20번째 챔피언 등극을 완성한 순간이었다. 마침내 로저 페더러의 '올타임 넘버원' 기록과 어깨를 나란히 하는 새 역사가 만들어진 것이다.

무엇보다 새 역사를 만드는 과정에서 자신의 숙적 조코비치를 완파했다는 점에 더욱 의미가 컸다. 조코비치는 깨끗이 패배를 인정했다.

**오늘 나달은 왜 자신이 클레이의 황제인가를 보여줬습니다. 이곳 롤랑 가로스에서 나달이 거둔 우승 횟수는 정말 믿기지 않을 정도입니다. 그와 함께 코트에 오르는 매 순간 저는 그때마다 에베레스트 산을 올라야 한다는 생각을 가져야만 했습니다.**

## 페더러를 사실상 넘어서다

나달의 2020년 프랑스 오픈 우승은 단순히 클레이 황제의
제위 수성이란 의미에 그치지 않는다. 테니스 황제가
누구인가라는 논쟁이 본격적으로 불붙기 시작했다. 나달과
페더러 모두 메이저 20회 우승 동률이다. 다른 종목과
달리 가장 위대한 선수를 선정하는 기준이 테니스는
비교적 간단명료하다. 선망의 대상인 그랜드슬램 대회를
누가 더 많이 우승했느냐가 으뜸가는 기준점이다. 나달은
페더러보다 더 어린 나이에 메이저 20회 우승 고지에
올라섰으니 시간은 나달 편일 뿐 아니라, 나달에게는
앞으로 수년간 롤랑 가로스라는 확실한 텃밭에서 우승
타이틀 횟수를 더 늘릴 수 있는 기회마저 열려 있었다.
일단 메이저 우승 횟수가 같다면, 나달과 페더러는 누가 더
위라고 말할 수 있을까? 2020년 10월 당시 기준, 나달이
이룩한 테니스의 기록과 업적은 다음과 같다.

| 그랜드슬램 | 통산 20회 우승 |
| --- | --- |
| 마스터스 시리즈 | 35회 우승 |
| 올림픽 단식 | 금메달 |
| 연말 세계 랭킹 | 1위 5회 |

페더러의 기록도 만만치 않다.

| 그랜드슬램 | 통산 20회 우승 |
| --- | --- |
| 마스터스 시리즈 | 28회 우승 |
| 투어 파이널스 | 역대 최다(6회) 우승 |
| 세계 랭킹 | 통산 310주 1위 |

나달과 페더러, 두 선수가 이룬 업적과 성취의 성격이
굉장히 달라 직접 비교는 어렵지만 이제 기록 수치상으로
더 이상 나달이 페더러에게 밀리는 부분은 없다고 봐도
무방했다. 프랑스 오픈 우승 비중이 지나치게 높긴 하지만,
나달은 분명 잔디와 하드 코트에서도 수차례 우승을
거머쥔 모든 코트에서 두루 강자였다. 특히 페더러에게
없는 올림픽 단식 금메달이 나달에게는 있었고 그랜드슬램
다음가는 규모와 권위의 마스터스 시리즈 우승 횟수에서는
페더러와 넉넉한 격차를 벌리고 있었다.

2005년 나달이 첫 프랑스 오픈 정상에 올랐을 때 이미
페더러는 5개의 메이저 트로피를 확보하고 있었다. 가장
격차가 크게 벌어진 건 2007년이었다. 페더러는 2004,
2006, 2007 세 차례나 한해 메이저 대회 3번을 휩쓰는
괴력을 발휘하며 총 12개의 그랜드슬램 타이틀을 보유하고
있었고, 나달은 당시 3개에 불과했다. 한때 9개에 이르는

영광이란 이곳저곳에서
승리를 거두는 것이 아니라
행복해지는 것입니다.
내게 있어 영광은
보다 나은 선수가 되기 위해
매일 연습과 노력을
즐기는 것입니다.

# THE 🏆 MOST
# MAJOR TITLE WINNERS
## 역대 남녀 테니스 메이저 최다 우승

마거릿 코트, 노박 조코비치 ———————————————— **24**

세리나 윌리엄스 ———————————————————— **23**

라파엘 나달, 슈테피 그라프 ———————————————— **22**

로저 페더러 ————————————————————————— **20**

헬렌 윌스 ————————————————————————— **19**

마르티나 나브라틸로바, 크리스 에버트 ————————— **18**

피트 샘프러스 ———————————————————————— **14**

로이 에머슨, 빌리 진 킹 ———————————————————— **12**

격차를 조금씩 좁혀 결국에는 나란히 20개의 타이틀을 갖게 됐는데, 놀라운 건 나달이 모두의 예상을 깨고 30대 중반으로 향해가는 나이에도 불구하고 메이저 우승 기록을 끊임없이 이어가고 있다는 점이다.

추격자가 마침내 자신을 넘어섰다는 사실을 받아들여야 할 때 페더러는 어떤 심정이었을까. 속내를 정확히 알 길은 없지만 페더러는 나달이 메이저 20승 기록을 달성하자 다음과 같은 메시지를 소셜 미디어에 남겼다.

————————————————

페더러의 소망대로 여정은 20에 머물지 않고 계속됐다. 하지만 그 여정에서 한발 앞서 나간 건 이번에는 페더러가 아닌, 라파엘 나달이었다.

저는 늘 절친한 친구인 나달을 위대한 인격을 지닌 사람이자 위대한 챔피언으로 존경해왔습니다. 우리는 수년간 서로를 한계로 밀어붙이면서 더 좋은 선수로 거듭날 수 있었다고 믿습니다. 따라서 그랜드슬램 20회 우승을 달성한 나달을 축하하는 건 제게도 진실로 영광된 일이 아닐 수 없습니다. 부디 20이라는 숫자가 우리 둘 모두를 위한 계속된 여정의 또 다른 계단이길 소망합니다. 수고했습니다. 나달. 당신은 충분한 자격이 있습니다.

**RogerFederer**

# 04

이제 더 이상 사람들은 페더러만을 GOAT라고 부르지 않는다. 그 자리는 24세에 최연소 커리어 그랜드슬램을 달성했고 36세에 한 해 메이저 대회를 두 번 이상 석권하는 살아있는 또 다른 전설의 몫이 됐다.

## GOAT의 조건

누가 역대 최고의 선수the Greatest Of All Time, GOAT인가. 사실 이 논쟁의 정답은 없다. 펠레가 최고라고 생각하는 사람에게 아무리 마라도나의 뛰어난 업적을 얘기해봤자 그의 마음 속 GOAT는 오직 한 명, 펠레뿐이다. 테니스에서 GOAT의 조건은 무엇일까. 그랜드슬램 최다 우승 횟수, 세계 랭킹 1위 재임 기간, 역대 승률, 상대 전적 등 수많은 기준이 있을 것이다. 그러나 역대 최고의 선수라는 정의를 내리면, 시대를 초월해 가장 뛰어난 기량을 뽐낸 선수라는 결론으로 귀결된다. 그렇다면 시대를 초월한다는 건 무엇일까. 동시대의 라이벌은 물론, 그보다 앞서거나 뒤따르는 세대들의 도전을 모두 이겨냈다는 뜻이다. 그런 점에서 라파엘 나달은 시대를 초월한 가장 위대한 선수의 조건을 잘 갖추고 있다. 나달은 동시대 라이벌들 가운데 조코비치를 제외하고 모두 압도적인 우세승을 거뒀다. 앤디 머리, 델 포트로, 마린 칠리치, 스탄 바브린카 등등 나달과 비슷한 나이대의 선수들을 모두 한 수 아래로 묶어버렸다. 나달은 그의 앞 세대 선배들도 일찌감치 넘어섰다. 앤디 로딕과 레이튼 휴이트는 물론 15살 이상 위인 안드레 애거시까지 나달의 빠른 발과 그물망 수비를 당해낼 수 없었다. 5살 위인 그 세대 최강 로저 페더러조차 상대 전적에서 나달에게 14승 20패로 밀려 있다. 나달이 GOAT 논쟁의 최고 정점에 오를 수 있는 이유는, 바로 그 다음 세대들의 거센 도전까지 뿌리쳤기 때문이다. 나달은 자신보다 한 세대 아래뻘이라고 할 수 있는 니시코리와 디미트로프, 밀로스 라오니치 세대들을 여유 있게 물리쳤을 뿐 아니라, 빅3 이후 최고 황금 세대로 꼽히는 '넥스트 제너레이션'의 젊은 전사들까지 누를 수 있었다. 넥스트 제너레이션이란 2017년 ATP가 21세 이하 어린 선수들을 육성 홍보하기 위해 창설한 '넥스트 제너레이션 파이널'대회에 출전 명단을 올렸던 선수들로, 여기에는 다닐 메드베데프, 알렉산더 즈베레프, 그리고 대한민국의 정현 등이 포함되어 있었다.

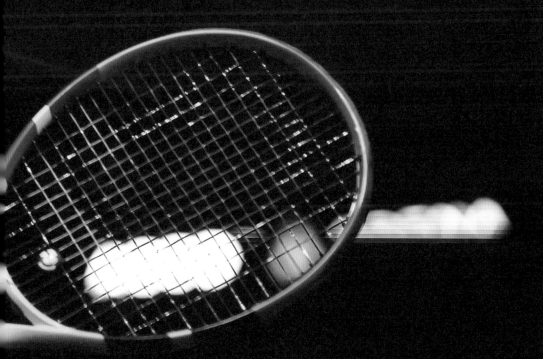

## 다음 세대를 극복하다

나달은 2022년 1월 호주 오픈에서 막강한 넥스트 제너레이션
세대의 선두 주자와 외나무다리 승부를 벌일 운명이었다. 여기서
이기면 나달은 장장 20년이 넘는 세대 전쟁의 최종 승자가 될
운명이었을 뿐 아니라, 더욱 중요한 페더러와 조코비치를 제치고
가장 먼저 전인미답의 그랜드슬램 21번째 우승 고지에 올라설 수
있었다. 하지만 결승전에는 다음 세대의 최고수가 '끝판왕'처럼
기다리고 있었으니, 러시아의 다닐 메드베데프가 주인공이다.
테니스 선수라기보다는 농구 선수에 가까운 198cm의 큰 키를
갖고 있는데, 발은 육상 선수처럼 빨랐다. 체력도 군계일학이었다.
전후좌우 코트를 쉴 새 없이 뛰어다니지만 결코 지치지 않는
에너자이저였다. 지금까지 이런 유형의 장신 테니스 선수는 없었다.
테니스를 치는 자세 또한 독특하기 이를 데 없다. 메드베데프의
포핸드를 보고 처음에는 "저게 선수가 치는 포핸드인가?"라고
고개를 갸웃거린 사람들이 적지 않았다. 공을 때린 뒤 라켓이 머리와
어깨 뒤로 힘없이 돌아가는데, 밸런스를 전혀 갖추지 못한 멋스럽지
않은 아니 흉측한 폼이 나오기 일쑤였다.
무협지의 등장인물로 치자면, 정파가 아닌 사파 무공을 사용하는
악당에 가까운 이미지였는데, 흔히 무협지 악인들이 그렇듯 무공은
잔혹하면서도 막강하기 이를 데 없어 천하제일을 다툴 정도였다.
흔히 키가 큰 선수들은 풋워크가 느리게 마련이고, 반대로 발이
빠르면 키가 그다지 크지 않기 때문에 서브가 약하다. 그런데

나달은,

_____

포기하지 않는다.
끝날 때까지 끝난 것이 아니다.

최선을 다한다.
첫 포인트부터 매치 포인트까지
모든 포인트를.

파워풀하며 에너지가 넘친다.
폭발적인 포핸드 스트로크와
빠른 발로 코트를 누빈다.

전략의 귀재다.
상대 강점과 약점을 면밀히 파악해
경기마다 필승 전략을 수립하고
이를 구현해낸다.

겸손하며 늘 노력한다.
나달은 승리한 뒤에도
이에 도취되지 않으며,
패배한 상대를 존중한다.

메드베데프는 이 두 가지 장점을 모두 갖춘 선수였다.
이미 메드베데프는 빅3 가운데 하나인 조코비치의 꿈을 좌절시킨 전력이
있었다. 2021년 US 오픈에서 당시 4대 메이저 대회 연속 우승에 도전한
조코비치를 무참히 3–0으로 짓밟았다. 메드베데프의 첫 메이저 우승이었다.
나달과 메드베데프 간 승부의 백미는 '리버스 스윕'에 있었다. 테니스에서
리버스 스윕이란 5세트 방식 경기에서 먼저 두 세트를 내주고 승부를 뒤집는
걸 뜻한다. 이걸 35세의 백전노장이 자신보다 열 살 아래의 최전성기를 맞고
있는 세계 랭킹 2위 선수를 상대로 해낸 것이다.

### 역대 최고의 '리버스 스윕' 극장 승부

특히 압권이었던 부분은 3세트 2–3으로 뒤진 상황에서 먼저 브레이크
포인트 위기에 몰렸다는 것이다. 그것도 '트리플 브레이크 포인트'였다. 즉
나달의 서브권에서 0–40까지 밀려 있었고, 이제 단 한 포인트만 내주면
사실상 메드베데프의 우승이 확정될 수 있는 절체절명의 순간이었다. 하지만
포기하지 않는 남자 나달은 정말 포기하지 않았다. 악착같은 집중력으로

먼저 두 세트를 내주고 끌려갈 때 무엇보다 침착해야 합니다.
물론 대단히 어려운 일입니다.
모든 사람들이 겁을 먹고 당신을 염려하기 때문이죠.                    _라파엘 나달

나달이 해낸 모든 위업은 정말 탁월합니다.
페더러와 나는 일정 기간 잔디 코트를 지배했지만,
같은 대회를 14차례 우승한 건 정말 놀라운 일이 아닐 수 없습니다.
특히 정신적인 면에서 나달은 내가 본 최고의 선수입니다.            _피트 샘프러스

그의 우승이 별로 놀랍지 않습니다.
프랑스 오픈에서 조코비치 외에 그 누가 나달을 이길 수 있겠습니까?
나달은 아마도 역대 최고의 선수일 것입니다.                      _리샤르 가스케

나달과 같은 선수를 본 적이 없습니다.
나달이 나타나기 전까지 지미 코너스 정도가 있었을까요?
이 친구는 정말 위대한 선수예요.                              _존 매켄로

세 차례의 브레이크 포인트를 모두 지우더니, 결국 그 서비스권을 지켜냈다. 이후 나달이 5시간이 넘는 접전 끝에 메드베데프에게 거둔 역전승은 그야말로 '멜버른의 기적'으로 부르기 모자람이 없을 만큼 현대 테니스 역사에 손꼽힐 만한 기념비적인 극장 승부였다. 미국 ESPN은 나달의 2022년 호주 오픈 우승을 그의 21차례 그랜드슬램 가운데 2위로 랭크시켰다. 1위가 테니스 불멸의 명승부 1위인 2008년 윔블던 파이널이라는 점을 감안하면, 사실상 나달이 거둔 최고의 성취와 업적이라는 평가로 들린다. 그도 그럴 것이 이 승부는 우리가 '라파엘 나달이란 무엇인가'에 대해 가장 충실한 답변을 해준 경기였기 때문이다. 나달하면 우리는 무엇을 떠오르고 기대하는가.

# OLDESTWINNERS
## 역대 최고령 메이저 우승

| | |
|---|---|
| **켄 로즈웰** | **37세 2개월** |
| **로저 페더러** | **36세 5개월** |
| **노박 조코비치** | **36세 4개월** |
| **라파엘 나달** | **35세 11개월** |
| **세리나 윌리엄스** | **35세 4개월** |

### 위대한 선수의 가장 위대한 승리

2022년 1월 멜버른의 기적에서 우리는 나달이 테니스 코트에서 그만이 발현할 수 있는 최상의 가치를 쏟아내는 걸 생생하게 목격했다. 완벽하고 결점 없는 테니스를 구사하는 조코비치에게도, 아름답고 교과서적인 테니스의 페더러에게도 이런 덕목이 발견되지 않는다. 메이저 21승이라는 숫자 외에도, 이것이야말로 나달을 '가장 위대한 테니스 선수'로 부를 수 있는 진정한 이유일 것이다. 호주 오픈 우승으로 이제 나달과 페더러, 조코비치가 함께 보유하고 있던 메이저 대회 최다 우승 타이틀은 나달에게 넘어갔다. 나달은 여기서 멈추지 않았다. 넉 달 뒤 다시 한 번 그랜드슬램 시상대 꼭대기에 섰다. 물론 프랑스 파리의 앙투카 클레이 코트에서 열린 롤랑 가로스였다. 8강에서 숙적 조코비치를 4시간 넘는 접전 끝에 물리치고 결승까지 올라선 나달은 캐스퍼 루드를 3-0으로 제압하고 메이저 No. 22이자 프랑스 오픈 14번째 우승 트로피와 진하게 키스했다. 나달은 이 대회에서 매우 '나달스러운' 도전을 거쳐 더 큰 감동을 줬다. 2004년 이후 내내 자신의 커리어를 심각하게 위협했던 발 부상이 재현됐음에도 불구하고, 그는 "이것이 마지막 은퇴 경기가 될 수도 있는" 상황 속에서도 불굴의 의지를 보이며 결국 감동의 인간 승리를 완성했다. 나달은 그의 기나긴 커리어에서 처음 호주 오픈과 롤랑 가로스 두 대회를 동시 석권하는 위업을 무려 36세가 넘어 달성했다. 한창 전성기에도 해내지 못한 일을 선수 황혼기에, 그것도 현역 은퇴의 기로에 선 심각한 부상을 이겨내고 해낸 나달을 어떻게 정의 내려야 할까. 내가 생각한 정답은 한 가지 외에는 없다. 바로 GOAT다.

# 나달은,

우리 사무실에 소문난 라파엘 나달의 열성팬이 한 명 있다. 어느 정도로 나달을 좋아하냐고? 거의 광신도 수준이다. 이를테면 이런 식이다. 그는 나달의 경기를 절.대. 라이브로 시청하지 않는다. 혹시라도 질까봐 조마조마하고 결과에 따라 마음이 아파서 견딜 수가 없다는 것이다. 여기까지는 그래도 이해할 만하다. 그런데 진짜 압권은 그 다음이다. 다음날 아침 일어나서 휴대폰 앱으로 간단히 스코어를 확인할 수 있음에도 불구하고, 나달의 '나'자도 검색하지 않는다. 그가 나달의 승패 여부를 확인하는 건 다음 날 오후 늦게 국내 TV 중계방송사에서 편집한 10분 남짓 하이라이트를 감상하면서다. 썸네일 상으로는 결과가 나오지 않기 때문에 그는 하이라이트 영상을 보면서도 마음을 졸인다. 그

따라서 저는

승리와 패배 모두를

기꺼이 받아들입니다

# 감동이다.

러다가 나달이 두 세트를 먼저 선취한 상황이 나오면, 그제야 동영상 밑에 흐르는 소요 시간을 관찰한다. 몇 분 정도 남았는지를 체크하면 대략 나달의 승패를 예측할 수가 있기 때문이다. 시간이 너무 많이 남았으면 혹시 '리버스 스윕 패 당한 것 아닌가'란 걱정이 앞서고, 시간이 짧게 남아있으면 비로소 나달의 3-0 셧아웃 승을 예상하고 안도의 한 숨을 내쉰다. 2017년 나달이 제2의 전성기를 열어젖힌 시절부터 약 5년의 시간이 흘렀다. 내가 피부로 체감하는 건 나달은 그때까지만 해도 페더러에 이어 격차가 뚜렷한 2인자였다는 것이다. 성취와 인기, 양쪽에서 모두 그랬다. 하지만 나달은 2017년부터 5년간 8번의 메이저 챔피언에 등극하면서 '만년 2인자'의 인상과 느낌을 점점 지워갔다. 2017년 이후의 메이저 우승 타이틀 성적만 놓고 따져본다면 페더러(3회)보다 훨씬 많다. 8번의 메이저 타이틀도 밸런스가 비교적 잘 잡혀 있다. 윔블던을 제외하고

호주(1회) 프랑스 오픈(5회) US 오픈(2회)이다.

스포츠는 승자를 위한 무대다. 1등을 기억한다. 선수 말년 워낙 감동적이고 기념비 적인 승리를 계속 추가해간 나달이 이제는 페더러를 추월했다는 느낌을 강하게 받는다. 나달의 20대 시절은 엄밀히 말하면, 황제 페더러에 대한 '안티테제'에 가까운 역할이었다. 완전무결하고 고결하고 품격 높은 테니스 황제에 거의 유일한 흠 결로 여겨졌다고 해야 할까. 나달의 테니스 또한 전문가와 팬들로부터 열렬한 환영을 받지 못한 것도 사실이다. 나달의 라켓을 머리 위까지 올려 버리는 '리버스 포핸드'는 정석과 거리가 멀었고, 이때까지만 해도 클레이라는, 전체 테니스 시즌의 30%를 넘지 못하는 특수한 환경 속에서 특화된 능력을 발휘하는, 또 화려한 기술 보다는 끈질긴 수비와 왕성한 체력으로 상대를 질식시키는 선수로 인식되어왔다. 하지만 제2의 전성기로 접어든 나달은 2인자 시절의 온갖 고정관념을 무너뜨리고 있다. 나달의 테니스는 클레이에만 강한 것이 아닌, 하드와 잔디에서도 충분히 압도적으로 강력하다는 것을 입증했다. 나이가 들면서 나달표 테니스는 위력이 떨어질 것이라는 예측도 계속 깨트려 나갔다. 36세가 넘어 메이저 챔피언에 오른 건 캔 로즈웰과 로저 페더러, 그리고 노박 조코비치뿐이다.

무엇보다 나달 테니스 그 자체를 재평가하고 싶다. 나달이 최근 5년간 보여준 테니스는 일면적이 아닌, 종합 패키지 수준이다. 왼손잡이의 희소성과 끈질긴 수비력, 그리고 희한할 정도로 많은 회전이 담긴 톱스핀 포핸드 등에 그치지 않고 테니스의 모든 기술을 섭렵한 진정한 '마스터'의 위용을 보여준다.

나달이 호주 오픈과 US 오픈 결승에서 메드베데프를 상대로 보여준 서브 & 발리. 매해 약간의 기복이 있기는 하지만 20대 시절보다 훨씬 강력해진 백핸드 크로스, 10대 후반 첫 프랑스 오픈을 정복한 이래 매해 점진적인 발전을 거듭해 '서브 +1포핸드' 공식을 최종적으로 완성한 나달의 서브. 적재적소에 터트릴 수 있는 감각적인 드롭샷. 나달의 테니스는 공격과 수비, 양쪽의 영역을 모두 극한점까지 끌어올린 높은 완성도를 자랑하고 있다.

30대 중반의 나이에 나달의 테니스는, 그가 늘 인터뷰에서 강조한 것처럼 향상되었고 그로 인해 그랜드슬램 통산 22회 우승이라는 화려한 타이틀의 주인공으로 우뚝 섰다. 하지만 내가 최근 나달의 테니스에서 가장 높게 평가하는 부분은 따로 있다. 나달의 업적과 테크닉보다 어쩌면 더 중요한 그것, 감동이다.

나달의 승부에는 감동이 있다. 이건 페더러와 조코비치에게 쉽사리 찾아볼 수 없는 독특한 매력이다. 철저하게 땀과 노력, 그리고 투지가 결합되어 만들어낸 산물이기 때문이다. 특히 2022년 두 개의 메이저 타이틀 획득 과정에서 보여준 나달의 감동적인 명승부는 전설로 남을 것이다. 호주 오픈에서 세계 1위를 예약한 메드베데프라는 신흥 강자에게 먼저 두 세트를 내주고 이를 뒤집는 뒷심과 저력, 그리고 끝까지 포기하지 않는 정신력에 모든 테니스 팬들은 짜릿함과 기쁨, 쾌감을 넘어 숭고한 감동까지 받기에 충분했다. 나달이 메이저 No.22를 차지하면서 고트 논쟁에서 한 발 앞서가기 시작했지만, 다시 추격을 허용했다. 조코비치가 무서운 속도로 2023년 한해 3번의 메이저 트로피를 들어올리며 24회 우승의 신기원을 이룩했다. 하지만 나달의 위대함은 단순히 메이저 트로피 개수에 의존하지 않는다. 포기하지 않는 투혼의 상징으로, 나달은 이제 테니스를 넘어 스포츠 전체의 새로운 이정표를 세워가고 있기 때문이다.

20세기 이후 현대 스포츠에서 우리는 가장 위대한 선수의 잣대를 업적과 성취로 놓고 이를 서열화시켰다. 농구의 마이클 조던, 축구의 펠레와 마라도나, 복싱의 무하마드 알리, 포뮬러원의 미하일 슈마허, 골프의 타이거 우즈가 이 기준점에 의해 각 종목 황제로 꼽히는 선수들이다.

**만약 내 실력이 최정점을 찍었다고 하더라도
저는 향상될 부분이 반드시 있을 거라고 믿습니다.**

**감동이다.** 하지만 이렇게 열거한 그 어떤 스포츠 레전드에게서도 나는 나달이 최근 그랜드슬램 대회에서 보여준 투지와 끈기, 정신력이 아우러진 감동의 드라마를 느껴본 적이 없다. 그냥 그들은 각 종목에서 '압도적인 재능과 기량을 갖고 온갖 승리를 독차지한 존재'들일 뿐이었다.

사실 나달의 일대기를 그리고 있는 필자 역시 로저 페더러의 팬이었다. 하지만 페더러의 온갖 기록들을 뛰어넘은 나달이 결코 야속하지 않다. 오히려 페더러가 도저히 도달할 수 없는 또 다른 테니스의 경지를 열어젖힌 나달에 대한 무한한 존경심이 피어오른다.

그런데 이런 생각들이 나뿐 아니라 테니스의 광범위한 팬층에서 확산되고 있는 것 같다. 만년 2인자의 느낌이 강했던 나달이야말로 어쩌면 테니스가 낳은 진정한 최고의 레전드가 될 것 같다는 생각. 단순히 테니스를 잘 칠 뿐 아니라 그의 인성과 매너, 품격과 운동을 대하는 자세까지 모든 면에서 가장 위대한 챔피언의 요건을 갖추고 있는 아주 특별한 1인이라는 생각. 그런 의미에서 국내에 처음 나오는 테니스 스타의 평전으로 라파엘 나달을 소개할 수 있어 나에게는 무한한 영광이 아닐 수 없다.

2023년 부상으로 잠시 쉬어가기를 선택한 나달은 2024년을 그의 커리어 최종 종착지로 선언하고, 마지막 비상을 꿈꾸고 있다. 그의 나이는 이제 37세에 접어들었다. 과거처럼 무적의 흙신으로 롤랑 가로스 무대를 누비는 모습을 더 이상 볼 수 없을지도 모른다. 하지만 그러면 어떠랴. 나달은 나에게, 그리고 많은 테니스 팬들에게 역대 최고의 선수, GOAT 가운데 하나로 영원히 기억될 것이다. 바모스, 라파! — *Vamos, Rafa!*

매일 아침 일어나 연습장으로 향하면서 갖는 생각은,
오늘 나의 기량이 더 좋아질 것이라는 믿음입니다.

# Rafael
# Nadal

**1ST PUBLISHED DATE** 2023. 11. 24

**AUTHOR** Sunsoo Editors, Kim Kibum
**PUBLISHER** Hong Jungwoo
**PUBLISHING** Brainstore

**EDITOR** Kim Daniel, Hong Jumi, Park Hyerim
**DESIGNER** Champloo, Lee Yeseul
**MARKETER** Bang Kyunghee
**E-MAIL** brainstore@chol.com
**BLOG** https://blog.naver.com/brain_store
**FACEBOOK** http://www.facebook.com/brainstorebooks
**INSTAGRAM** https://instagram.com/brainstore_publishing
**PHOTO** Getty Images

**ISBN** 979-11-6978-018-6 (03690)

RAFAEL NADAL